THE LOOP

奇蹟迴圈

療癒身心靈的光能量

病気を癒し、人生を好転させる　奇跡の魔法ループ

THE LOOP

丸山修寛——著　王綺——譯

本書獻給全世界支持著人類的潛意識與高我

前言

我想要來談談帶來奇蹟的魔法「迴圈」。

因「迴圈」所發生的事情遠遠超出人類的常識範疇。感到痛苦、生病的人只要進行「迴圈」，症狀就會瞬間改善、減緩*。

一名罹患胰臟癌的女子渾身乏力，背部劇烈疼痛，但是在進行「迴圈」後，乏力感和疼痛就消失無蹤了。另一名罹患乳癌的女子，癌細胞已經擴散到皮膚表面和肺部，造成嚴重的喘鳴以及呼吸困難，進行「迴圈」後，用不了幾分鐘的工夫，她的症狀就緩和了。

雖然「迴圈」並不能消除癌症，但是現代醫學並無法做到像這樣只花幾分鐘且不用吃藥，就讓這些嚴重症狀緩和下來的。

我自己長年深受胸悶所苦，還有嚴重的心律不整，雖然嘗試過各種藥物和治療法，但胸悶和心律不整的症狀都不見好轉。不過，在每天對許多人進行「迴圈」的過程中，我的胸悶和心律不整就不知不覺間完全消失了。

此外，「迴圈」不只可以治癒疾病。

進行「迴圈」，可以改善眼前的狀況，甚至能夠解決一般認為無法解決的問題。只要進行「迴圈」，每個人都可以在人生的各種範疇或領域中，輕易召來大大小小的奇蹟。

進行「迴圈」後，大部分的人都會留下「真實的眼淚」。「真實的眼淚」是指在進行「迴圈」的瞬間，因有生以來第一次遇見「真正的自己」而流下的眼淚。

「真正的自己」和你平常認為的「自己」是不同的。

「真正的自己」是指擁有創造人生之力的內在意識。有些人將之稱為內在神，有些人將之稱為 something great。「真正的自己」是永生的意識，位在人心的深處，會為人生帶來愛、美、智慧，以及喜悅。

遇見「真正的自己」後，心情會變得無比輕鬆。

如果你有著難解的問題，那個問題的嚴重程度將會確確實實地減輕。要不要去解決問題這件事將不再是問題，你會開始覺得解不解決都沒關係。如此一來，就會緩解因為問題而產生的緊張。

你也想去見見那個「真正的自己」嗎？

只要進行「迴圈」，每個人都可以輕易遇見「真正的自己」。持續進行「迴圈」，不僅能遇見「真正的自己」，還能用最快的速度成為「真正的自己」。

讀完本書後，你肯定也能學會靈活運用奇蹟魔法「迴圈」，並且遇見「真正的自己」，經歷許多奇蹟。

＊＊＊＊＊

大家好！

我是丸山修寬。

我在一九九八年於宮城縣仙台市開設了心血管、呼吸系統、過敏疾病專門醫院，此後便每天在診所為病人進行診察與治療。有時候也會去演講，所以有些人可能曾在某處見過我。

不只是過敏，患有各式各樣症狀的病人都會來到我的診所。從遠方千里迢迢而來的病人也不少，其中還有罹患癌症等嚴重疾病，被宣告現代醫療已經無計可施的病人。

為什麼這樣的病人會來我的診所看診呢？因為我的治療法和一般醫療有些不同。

各位或許很難馬上相信，其實我從二十五年前開始，就可以透過額頭中央的「第三隻眼」看出病人身上哪裡有問題。

而現在，我會與大約十年前認識的潛意識，以及幾年後認識的高我這些肉眼看不見的存在一起診察、治療病人（之後會詳細講述我與潛意識和高我的邂逅）。

此外，我也根據他們告訴我的事，與他們共同開發出讓觀看者痊癒、改善不適症狀的「藥繪」，以及應對電磁波的商品等各式各樣治療法與治療器具。

多虧有他們的協助，許多光靠我自己沒辦法治癒的疾病都獲得了改善。

有些病人必須回診好幾次才能把病治好，但是可能因為住得太遠或症狀太嚴重，有不少人都只來看一次診。

我在診療的過程中開始思考，要是有一個可以讓這些病人不用三番兩次跑診所、無論是誰都可以自己簡單操作，而且不用花錢就可以把症狀或疾病治好的方法就好了……

接收到我的想法後，潛意識與高我就告訴了我「迴圈」這個方法。

接下來要向各位介紹的「迴圈」，無論由誰來做，都一定能獲得某種程度的效果，堪稱「奇蹟魔法」。

我會用每個人都做得到的方式傳授給大家，所以希望大家能將它活用在自己以及重要的人身上。

※編註：本書內容皆為作者個人經驗，不代表本公司／出版社的立場。實際病況仍應依醫師專業建議為準。

目錄

第2章 實踐奇蹟魔法迴圈 57

第 1 章

為人生帶來奇蹟的迴圈

名為迴圈的奇蹟

進行迴圈，身體以及人生就會像魔法般瞬間發生奇蹟。

進行迴圈，症狀會改善，病痛也會緩和。

人們可以透過迴圈擺脫煩惱、痛苦，以及問題。

迴圈之所以可以帶來這樣的奇蹟，是因為擁有超越人類智慧與力量的潛意識與高我向我們伸出了援手。

發生了光靠人類力量絕對沒辦法解決的問題時，要澈底停止試圖靠自己的力量解決事情，將一切交給他們。

如此一來，潛意識、高我和人類就會成為三位一體，帶來奇蹟。迴圈就是讓人類、潛意識、高我合為一體（三位一體）最確實、最簡單的方法。

這本書裡記錄著我自己每次進行迴圈時得知的內容。為什麼要這麼做呢？因為我覺得這樣對各位來說會比較容易理解。

剛開始，或許會遇到讀了書也不太能理解的地方，或是無法認同的地方。不過，只要反覆進行迴圈，應該就會自然而然理解進行迴圈的意義，逐漸理解寫在這本書裡的智慧之意義。

如果無論如何就是搞不懂，不用試圖靠自己一個人的力量去理解，觀看我的影片（詳情請參照書末）也許是個不錯的方法。

此外，本書後半部寫了許多我個人的想法，大家只要帶著「原來有人這麼想」的心情閱讀即可。

了解迴圈的操作方式之後，請各位一邊進行迴圈，一邊輕鬆地往下閱讀。

何謂迴圈

迴圈就是你和你的潛意識、高我三者手牽著手圍成圓圈。之後若是再提到「進行迴圈」，請想像成是三個人手牽著手圍成圓圈的樣子。

迴圈和基督教中三位一體是同樣的概念。在基督教中，聖父、聖子和聖靈為三位一體。進行迴圈的時候，你和你的潛意識、高我這三者會成為三位一體，圍成一圈。可以說迴圈就是現代版的三位一體。

人類在遭遇問題時，只要覺得自己是孤身一人，就會感到孤獨、不安與恐懼。如此一來，人生就不會快樂，而是變得艱辛、痛苦又可怕。

不過，只要知道潛意識和高我隨時都在我們身邊幫助我們，就能夠放下心來，活在安寧之中。進行迴圈，就能感受到成為三位一體的潛意識和高我在守護著自己。

這樣就能擺脫孤獨，讓生活充滿喜悅，人生也會變得快樂且有價值。

進行迴圈的方法之後會介紹，不過它就和呼吸一樣自然且簡單。進行迴圈時，我們須要做的事情只有對自己的潛意識和高我說「來進行迴圈吧」而已。

不要試圖改變現在這個瞬間顯現出來、處於原始狀態的自己及眼前的現實，只要完整接納它，並澈底放鬆即可。

接下來，就是完全相信自己的潛意識與高我，將一切交給他們。光是這樣，堪稱奇蹟的轉換就會降臨在所有人身上。

話雖如此，好像還是有很多人完全沒聽過潛意識和高我，或是即便聽說過這些詞彙，但不知道是什麼意思。

來找我看診的病人中，也有人完全沒聽過潛意識和高我，或是從來沒有發現過他們的存在。

遇到這種情況，我會拜託病人的潛意識和高我說：「可以請你們（病人的潛意識與高我）發出一個你們存在病人體內的信號嗎？」說完，病人的胸口就會突然發熱、肚子突然咕嚕咕嚕地叫起來，或是身體某處出現細微的震動。

接下來，我會拜託病人的潛意識與高我牽起病人的手，圍成一圈（迴圈）。如此一來，病人與他的潛意識和高我就會手牽著手，形成一個圓。這樣迴圈就完成了。

到目前為止，和我一起進行迴圈的一百個人之中，一百個人都成功建立了迴圈。

迴圈之所以簡單，是因為迴圈的整個過程主要是由潛意識和高我在進行的，而非人類。

而迴圈的厲害之處在於，只要短短的一、兩分鐘，就能夠達到冥想高手花好幾個小時冥想才終於抵達的無或空之領域。

三者之心合而為一

這個身體裡只有我。
高我
我也在喔！
我必須靠自己努力活下去……
喂～我在這裡～
潛意識
大部分的人都沒有發現，自己體內存在著與自己不同的意識，也就是潛意識和高我。
就算讀了關於靈性的書籍，參加講座，真正了解我們的人依然很少。
與高我同行
但是，若沒有發現他們的存在，與他們的心合為一體……
人的心
潛意識的心
高我的心
我想要過這樣的人生（充滿苦難）。
貧
悲
辛
我想要罹患疾病、對抗病魔的人生。
咳
如果心沒有和他們合為一體，大家就會隨便創造各自的人生。

我都已經這麼努力了，事情還是不順利……
心律不整、心臟衰竭、高血壓、糖尿病、狹心症、視網膜剝離、腦出血，身體千瘡百孔。
最後就會覺得，人生怎麼會如此辛苦。
不過，只要進行迴圈，
鏘鏘
三者的心就會合而為一。
高我的意識
人類的意識
潛意識
我非常懂你的心情。
我非常清楚你想做什麼。

來打造三贏的現實吧！
人生突然開始好轉了！
應該吧。
不過，我從迴圈中獲得的最貴重的寶物，
是可以和你們一起度過人生。

神就是「真正的自己」

基督教有著三位一體的概念，也就是聖父（父神）、聖子（父神之子耶穌基督）、聖靈三者為一體（三位一體）。之所以會誕生這樣的概念，是因為耶穌可以清楚地看見他們。

那麼，我看見的是什麼呢？是位於自己體內的潛意識（相當於聖靈），以及從我們的頭或肩膀處冒出來的高我（相當於神的超意識）。這可以說是現代版的三位一體。

我們之所以可以和他們成為三位一體，是因為他們實際存在。他們是實際存在的，而且強烈希望與人類的意識融合，成為三者合一的意識。

如同我長期以來都在追求與潛意識和自己心中的神（高我）直接連結一

樣，他們也在追求與我們連結。他們希望和我們一起克服疾病、死亡、貧窮等各種痛苦，以及人類因為痛苦而感受到的恐懼。

其具體方法，就是迴圈告訴我的。

只要進行迴圈，就會逐漸理解神不只存在於我們之外，也存在於我們之中。接著，透過迴圈繼續學習就會知道，內在的神即為潛意識和高我在體內與自己合而為一的意識。

我將之稱為「真正的自己」。

進行迴圈，成為「真正的自己」後，心靈、身體、意識、智力、能力都會大幅升級。因為成為三位一體之後，意識的次元會從人類意識次元變成神的意識次元。

迴圈就是讓人類意識提升到極高次元的方法。

「真正的自己」具有親手開創自己人生的力量，而迴圈是將我們引導至創造一切的源頭（真正的自己）的至高無上魔法。

我們能透過迴圈獲得愛、美、智慧，以及財富。

遇見潛意識

距今十年前，我讀了一本關於夏威夷自古流傳的問題解決方法「荷歐波諾波諾」內容的書。

書上說，只要反覆運用「對不起、請原諒我、謝謝你、我愛你」這四句話，就可以解決所有問題。此外，裡面還提到，實行荷歐波諾波諾可以與自己的潛意識取得聯繫。

接下來的一年左右，我每天都會實行荷歐波諾波諾。然後在某天晚上，潛意識出現在我的夢中，翻開「潛意識辭典」讓我看。但在早上起床後，我卻完全想不起來那些本來在夢裡記得很清楚的潛意識相關內容。

我只記得自己的潛意識叫做「葵」。

後來過了一陣子，某天半夜我突然聽到有人大喊「危險！」的聲音。我絕對不會聽錯，那就是在夢裡遇到的潛意識「葵」的聲音。

我猛然跳下床環顧四周，卻沒看見任何人，只看到寢室深處有一團像是黑影的東西。我想那恐怕是我在診所時從病人身上帶回來的壞東西，潛意識為了警告我有危險，才不得不發出聲音。

經過這件事之後，我才開始能夠清楚看見自己的潛意識。如今，我們已經和長年老友一樣心靈相通了。從今天午餐要吃什麼這種簡單的事情，到該如何治療這名病人這種重大的事情，感到迷惘的時候，我都會找潛意識商量。

在大多數情況下，我都會用「這麼做比較好？還是不這麼做比較好？」這種二擇一的方式提問。如果答案是YES，他會點頭；如果是NO，他會搖頭。

此外，潛意識似乎知道所有我在思考的事情或心中所想的事情。即便我沒有找潛意識商量，只要潛意識對我的思考或感受有共鳴，身體某處就會發出「很好！」的訊號，像是出現震動、彎曲手指或肚子發出咕嚕咕嚕聲。這時候，我會一邊驚嘆潛意識竟然傾聽著我的一切，一邊向他道謝：「謝謝你一直擔心著我。」

就像這樣，因為平時就一直和潛意識和睦相處，我現在連別人的潛意識都看得見了。

潛意識和我們一起住在這個身體中，和我們共度人生，是真正值得信賴的搭檔。

潛意識控制著我的身體。

我沒辦法靠自己的力量治癒身體的問題，這件事只有潛意識做得到。我所能做的，大概只有拜託潛意識治癒我而已。

潛意識不只控制著身體，也控制著人生的事件。

我在人生中體驗的事件，都是潛意識用自己的記憶和資料播放出來的。我們認為是現實的事物，都是潛意識將自己的記憶和資料投影到三次元世界的。

因此，如果想讓人生變得更好，就只能拜託潛意識把討厭的記憶和資料改寫成好的記憶和資料。光憑人類的意識，再怎麼掙扎，都無法改變現實。

但是透過迴圈，我和潛意識就會融為一體。如此一來，我的感受就可以直接傳達給潛意識，於是潛意識就會幫我改寫那些我想改變的現實，以及與其相關的記憶和資料。也就是說，我也承擔了一部分創造現實的工作。

「既定印象」記憶存在潛意識之中，與你的希望互相矛盾，但可以透過迴圈清理乾淨。

清理乾淨後，人生就會瞬間開始好轉。

與高我接觸

高我是一種被稱為「超意識」的意識。

高我就像是重疊在人的身體上。大多數的高我都會從人的肩膀上方露出臉，目不轉睛盯著該人人生中的每一刻。

我是在替病人看診時發現他的。

一名罹患癌症的病人努力向我說明病症時，我觀察病人身體的狀態，結果發現我的臉龐左側，有一個東西和我一樣目不轉睛地盯著病人看。

我嚇了一跳，往左邊看了好幾次，但是肉眼看不見任何東西。於是，為了確認那個東西是不是真的存在，我決定伸手往自己臉的左側探索看看，然後發現確實有一個溫暖的東西存在。

這就是我和高我的初次接觸。從此以後，我開始確實認知到高我的存在。到了最近，我已經可以看見其他人的高我了。

神學博士蘇珊・舒姆斯基（Susan Shumsky）在其著作《Exploring Auras: Cleansing and Strengthening Your Energy Field》（書名暫譯：《探索靈氣：清

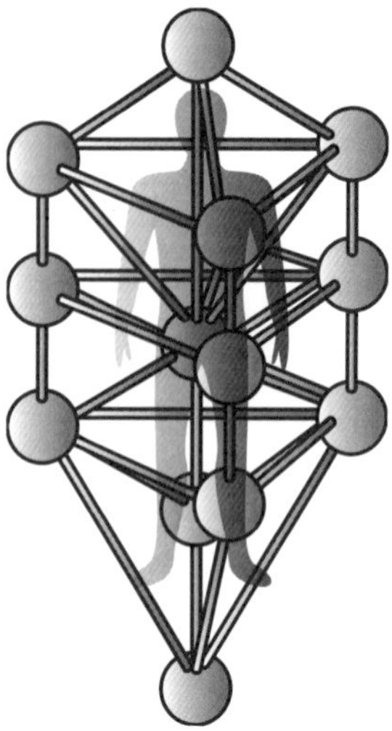

理並強化你的能量場》，ReadHowYouWant出版）中寫道：「高我（高次元的自我）稱為Ātman，是個我這個強大的存在，也是指『有我』『我存在』這個最抽象、最根本、最普遍的組成要素。個我是原本無人格的神個性化後的產物，具有普遍性的睿智、愛、真實化為形體，為的是透過個人來達成神的目的。也有人說，個我體會打造出如纖細金銀光線組成的格子狀構造，支撐人的身體。」

我認為，這裡所寫的「如纖細金銀光線組成的格子狀構造」可能是指後面會提到的立體卡巴拉構造。

來自潛意識與高我的贈禮

我們和潛意識、高我存在於同一個身體裡，同時也是各自獨立的意識。如果三者的意識各自為政，沒有互通心意，無論再怎麼努力追求夢想或希望，依然很有可能創造出與自己期望相悖的艱辛人生。

不過，如果透過迴圈使三者心意相通，就會理解我們（我、潛意識、高我）在期望著什麼，以及什麼東西對我們而言是最好、最棒的，因此能夠創造出理想的現實。

即便是至今為止都不知道自己體內存在潛意識和高我的人，只要進行迴圈，也能夠立刻與他們心靈相通。接著持續進行迴圈，自己與潛意識、高我的意識就會合而為一，轉化為「真正的自己」的意識。

說真的，能夠立刻與潛意識、高我取得聯繫，簡直就像是奇蹟。

要與潛意識取得聯繫，平常就必須多多關心潛意識。所謂的關心，就是察覺潛意識的存在，把他當成待在自己身體裡的親生孩子，對他說說話，給予愛與關懷。

至今為止從沒關心過潛意識的人，突然間要與潛意識取得聯繫，本來是一件極為困難的事。實際上，我也花了超過一年的時間，才成功與自己的潛意識取得聯繫。

不過，若是進行迴圈，潛意識就會主動前來與我們聯繫。不僅如此，就連比潛意識還難聯繫的高我，也會主動來聯繫我們。

迴圈的厲害之處，就是即便你是初次聽說潛意識和高我，或是不相信他們的存在，潛意識和高我也會立刻對你伸出援手。

和我一起進行第一次迴圈的人，有九成以上都明確體驗到被潛意識和高我握住手。無論是誰都能透過迴圈立刻與他們取得聯繫，這只能說是奇蹟了。

如同先前所述，是潛意識與高我告訴我如何進行迴圈的。

自從認識潛意識和高我後，我就非常珍視與他們相處的時間。在與他們相處的時間裡，我特別喜歡和他們一起騎著腳踏車，用全身感受迎面吹來的風。

有一次，我們三人像往常一樣開心地騎著腳踏車，某個人突然開口說出：「我們三個把手牽起來，打造迴圈吧！」雖說是「開口」，但當然不是訴諸言語，而是用類似心電感應的方式。

我不知道這是潛意識說的，還是高我說的。說不定兩個人都說了。無論如何，這就是迴圈的開端。

我們立刻手牽著手，三人圍成一個圓圈（迴圈）。在那個瞬間，有一種像是與懷念的老朋友待在一起般難以言喻的舒適感籠罩著我。

從此以後，我每次進行迴圈都會被這種舒適感所籠罩。

由於持續進行迴圈，我就像很久以前就知道如今所寫下的一切般，有著深刻的理解。

迴圈就是潛意識和高我送給我們的禮物。

無論是誰，都無法靠自己一個人頓悟

真正理解人生中的「現在這個瞬間」「原本的樣子」「原貌」「發現純粹」「基督教意識」「佛性」「愛」「慈悲」「存在」「無」「空」「神」……這些人類的本質，也就是「頓悟」，是非常重要的。要先克服以死亡為首的各種苦難，才能得到這些頓悟。

但是，至今為止，從來沒有人能光靠自己的力量頓悟。我這麼講，應該會人有問：「什麼！這是什麼意思？那菩薩呢？耶穌呢？」然而，就算是耶穌或菩薩，也不是只靠自己的力量頓悟。他們同樣是在潛意識和高我的幫助下頓悟的。

說到底，頓悟本來就不是一件發生在一個人身上的事情。頓悟是因為人類、潛意識和高我成為三位一體，也就是成為「真正的自己」後出現了全新的意識才發生的。

至少，耶穌是藉由聖父、聖子與聖靈的三位一體而獲得頓悟。潛意識和高我是遠遠超越人類道德的神之道德，是一開始就已經頓悟的存在。透過迴圈，讓人與潛意識、高我成為三位一體，神的道德和頓悟就會填滿人類的意識。

我想應該有很多人會因為「想要頓悟」而付出努力，但是人類不管再怎麼努力，都沒辦法頓悟。這對追求頓悟的人來說是個好消息。

知道頓悟不是發生在個人身上的事情之後，會感到非常輕鬆，因為這樣就不用再為此付出無謂的努力了。

而且透過迴圈，和早已頓悟的潛意識與高我手牽手，他們的頓悟就會自然而然地滲入自己體內，沒有什麼事比這更棒的了。

超越語言的體驗

「現在這個瞬間」「原本的樣子」「原貌」「發現純粹」「基督教意識」「佛性」「愛」「慈悲」「存在」「無」「空」「神」……用這麼多言語來表述的人類本質，是無法光靠言語完整表達的。堆疊再多的詞藻，都無法抵達真理的境界。

無法透過言語抵達的真理境界，只能用言語以外的方法，也就是體驗來認識。抵達真理境界的體驗有非常多種，其中，迴圈是最能確實抵達人類本質和真理境界的最佳、最棒的方法。

只要進行迴圈，任何人都可以瞬間窺見菩薩和耶穌頓悟的境界。

不過，就算只有一瞬間，只要觸碰到其一鱗半爪，以前那「虛假的自己」就無法繼續活下去。繼續進行迴圈，總有一天「真正的自己」會覺醒，而你就會極其自然地選擇作為「真正的自己」度過往後的人生。

接著，就只剩下如何在實際的日常生活中實踐而已。

不過無須擔心。只要進行迴圈，潛意識和高我就會幫我們把麻煩的事情和大部分的事情都處理好。

他們是完全的

我們人類所做的事情是不完整的，潛意識和高我所做的事情是完整的，因為他們是遠比我們更接近神的存在（神性的意識）。

對我們而言，他們就是完整的愛本身。

無論我們是什麼樣的人，他們都絕對不會停止愛我們。

他們隨時都在給予我們無償的愛，並引導我們成為和他們一樣的完整之愛。我們和完全的他們攜手，成為三位一體，就可以讓自己逐漸化為完整之愛的結晶。

進行迴圈的時候，同時感受他們的完整性和愛，迴圈的過程就會更順暢。具體來說，只要分別對潛意識和高我說：「你們是完整的。」並察覺「在這個瞬間自己也是完整的」即可。稍後會解釋其中緣由，請各位務必參考。

神的道德

進行迴圈後，我們自然會擺脫不完整、不正確且有所偏頗的人類道德這個束縛，被引導至完整的神的道德。

話說回來，人類的道德中存在太多「不可以〇〇」的禁令，以及「必須要〇〇」這種強制性的責任和義務。光是擺脫這種基於人類道德的錯誤束縛，人的心靈就會變得輕盈又自由。

進行迴圈，潛意識和高我那完整的「神的道德」就會滲透人心。如此一來，不須要別人來教我們該對誰做什麼、該成為什麼樣子，我們自然會了解該做什麼，並付諸實行。

要學習「神的道德」，要做的事情只有迴圈而已。完全不須要在其他方面努力或學習。當然，學習和努力不是壞事，但依舊是件非常慶幸的事。

全新的知覺

持續進行迴圈，過去所擁有的知覺會變得更敏銳。

也有可能出現全新的知覺。

所謂的全新知覺，就是和利用眼、耳、鼻、口以及接收觸覺的皮膚等五感所感知到的感覺不同的知覺。

全新的知覺就是超越五感的「察覺力」。

會感覺有某個發光的東西從頭部上方的遙遠天空降臨，與自己連結在一起，或是在空無一物的空間感覺到療癒的能量；反之，也會察覺自己身邊有著會奪取生命能量的地方。

也有可能察覺肉眼看不見的神聖存在。此外，也能夠在必要的時候，接收到必要的靈感。

不過，比起這些，現實中還有一件事情更加重要。

那就是能夠透過全新的知覺，在日常生活中察覺自己每個當下的行動與想法。也就是有意識地去過以前一直在無意識中度過的人生。當自己在做某件事的時候，會察覺到自己當下的行動與想法。

像這樣不斷察覺，就會自然而然開始理解自己≠身體這件事。意識會變得像以極近的視角看著自己的身體自行活動一樣。如此一來，就不再會被身體狀態的好壞牽著鼻子走。

成為三位一體，產生全新的知覺後，眼中所見的景色和內心狀態就會變得不同。

有了這份新誕生的知覺，我們就會從透過緊閉的遮雨窗縫隙中窺看世界的狀態，變成打開遮雨窗望出去的狀態。

打開遮雨窗看世界

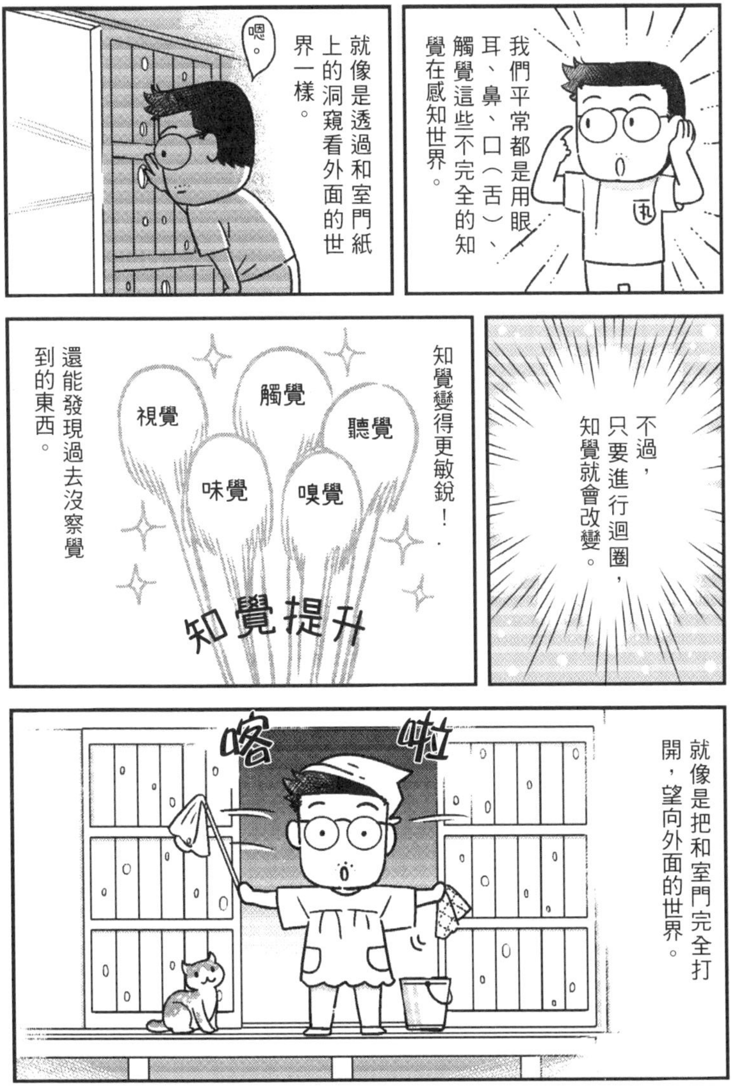
我們平常都是用眼耳、鼻、口（舌）、觸覺這些不完全的知覺在感知世界。
就像是透過和室門紙上的洞窺看外面的世界一樣。
嗯。
不過，只要進行迴圈，知覺就會改變。
知覺變得更敏銳！
觸覺
視覺
聽覺
味覺
嗅覺
知覺提升
還能發現過去沒察覺到的東西。
就像是把和室門完全打開，望向外面的世界。
喀
啦

感受到難以用言語形容的世界。
那裡有一個充滿平穩和寂靜的世界。
好平靜～
好舒服～
高我
潛意識

為什麼會發生奇蹟

為什麼進行迴圈會發生奇蹟呢？

那是因為，迴圈會引導我們前往創造這個世界的泉源，而創造的泉源就是位於意識最深處的無意識領域。

透過迴圈，我們能夠有意識地抵達無意識領域。只要有意識地將自己的意圖放到創造的泉源裡，就可以創造出我們所期望的現實。這就是迴圈會產生奇蹟的原因。

不過，我們沒辦法自己一個人抵達創造的泉源，因為我們沒有通往該處的地圖和方法。

但是當我們透過迴圈與潛意識、高我合而為一，我們（人類）的意識就可以和他們一起前往創造的泉源。因為潛意識和高我本來就待在創造泉源的附近，平時就會參與創造的過程。

他們早就掌握了前往該處的地圖和方法。與其自己一個人進行嚴酷的修行，尋求他們的幫助，更能迅速且確實地抵達創造的泉源。

迴圈之所以能發揮效用，是因為迴圈作用的領域就是創造世界的泉源。那是一個形體和能量都尚未被創造出來的領域，沒有形體也沒有能量，是以記憶、紀錄和資訊為主體。有形之物、能量和波動，就是從這個領域中誕生的。

《般若心經》將之稱為「空」。想必大家都聽過「色即是空，空即是色」，而迴圈正是作用於「空」的領域，從根本消除身體的疾病與不適。

迴圈會改變人的想法

罹患疾病的人進行迴圈後，對於疾病的看法會逐漸產生變化。

大家一開始通常都會從消除疼痛等症狀出發，最後則開始放下自己對於癌症或難治疾病等各種病症的既定觀念、過去的醫療常識，以及從過往經驗中獲得的知識。如此一來，疾病就有可能奇蹟似地痊癒。

本來只是症狀不見，最後則會連疾病本身都消失無蹤。實際上，有些人正是透過迴圈，靠自己的力量讓乳癌硬塊或腫瘤消失。

目前還沒什麼人知道，這個世界是由「人的念想」創造出來的。

你在這個世界上體驗到的事、發生在身上的事，還有獲得的東西，這一切全都是你內心的念想在這個世界中具象化而形成的。換言之，只要改變思想，結果就會跟著改變。

不過，在這個三次元世界裡，就算改變了思想，結果也不會立刻改變。因為人類會產生誤解。為了讓我們在察覺誤解時得以修正，我們有一段短暫的猶豫期。

要改變思想和成見，迴圈是一種極為有效的方法。只要在進行迴圈的時候，想著要改變自己的思想和成見，思想和成見就會逐漸改變。

變化與轉換

進行迴圈，會引發「現狀（那個瞬間事物的狀況）」的轉換。

我們能夠透過變化來得知事件的發生。比較變化前後的狀態，才能知道發生了什麼變化、發生了什麼事件。

變化是以變化前的過去與變化後的未來為基準。只要沒有過去與未來，就不會產生變化。

此外，變化是因為人事物的行動而產生。因此，要發生變化，就必須具備某人或某物的行動，以及行動所需的時間。變化會和時間一起階段性地出現。

另一方面，進行迴圈時發生的瞬間事件，也就是「轉換」，則是發生在現在這個瞬間的事，不需要過去與未來。

在迴圈中發生的事，並不是因為人事物花時間行動而發生的，只是「現狀」的轉換而已。所謂的轉換，就是略過過程的狀態，直接從現在的狀態轉變成另一種狀態。

假設變化是花時間一級一級走下階梯，轉換就是從階梯上方一躍而下。

變化與轉換是完全不同的兩件事。變化發生在時間線上，而轉換則發生在時間線外。如果說變化是類比，那轉換就是數位。

轉換和瞬間移動相當類似。不用經過階段性治癒的過程，就能瞬間從有疾病的狀態轉換到沒有疾病的狀態。

第 2 章

實踐奇蹟魔法迴圈

迴圈的準備

進行迴圈之前，請先將本書末頁所附的立體卡巴拉照片剪下，並放在胸前左邊的口袋，照片要面向胸膛。如果衣服沒有口袋，可以用ＯＫ繃之類的東西將照片貼在衣服內側。

進行迴圈時，將立體卡巴拉的照片或後面會提到的立體卡巴拉帶在身上，可以提升迴圈的效果。

尚未習慣迴圈時，建議在身旁沒有人的安靜環境下進行。為了避免迴圈被中斷，手機也要調到靜音模式。

有一個詞叫「新手運」，指的是初次嘗試的時候非常順利，但第二次以後就變得不大順利的狀況。

迴圈也會出現一樣的狀況。很常發生明明一開始非常順利，後來變得不順利的狀況。

因此，請大家每次進行迴圈時，都把它當成有生以來的第一次。也可以在開始進行迴圈之前出聲說：「我接下來要進行有生以來第一次的迴圈了。」光是這麼做，第二次以後的迴圈成功率就會飛躍性地提升。稍後會說明其中緣由。

迴圈的實踐

那麼，讓我們開始進行迴圈吧。

首先，請在心中默念或發出聲音說：「我接下來要進行有生以來第一次的迴圈了。」接著，拜託自己的潛意識和高我牽起自己的手。

具體請參考第六十四頁的漫畫。多虧了由我們三個人一起創作的漫畫，不知道潛意識和高我存在的人也可以立刻與他們進行迴圈。

閱讀完漫畫後，請想像自己站在漫畫中的所在地。接著，請和漫畫一樣伸出雙手。如此一來，潛意識和高我就會立刻牽起你的手。

感覺到潛意識和高我牽住自己的手之後（沒有感覺到的人，就想像他們已經牽住自己的手），輕輕地閉上雙眼，慢慢體會當下的感覺。

以我來說，也許是迴圈讓我放下了緊張的情緒，我總是會自然地嘴角上揚。有時候會感覺到舒適的微風吹拂，有時候會感受到他們的手放在自己手上的重量或溫度。

請盡情享受彼此手牽著手的狀態，直到覺得足夠為止。

進行一次迴圈需要三至五分鐘。說得更嚴謹一點，雖然不能以出現效果作為目的，但若是習慣了迴圈，會更快出現效果。

首先，建議在早上起床時、有空檔時，以及晚上睡前進行。

早上起床後，就在心裡說：「早安，我的潛意識和高我，來做迴圈吧。」向他們伸出雙手，這樣就會馬上進入迴圈的過程。晚上睡覺前，也只要在心裡說：「今天謝謝你們，做一下迴圈再睡覺吧。」並伸出雙手，後面的事情他們就會幫你做好了。

由於迴圈實在過於簡單，很多人都會驚訝地說：「就這樣？」但是真的就是如此簡單。

因為很簡單，所以各種雜訊（自我的慾望）都無法進入迴圈的過程。光是進行迴圈，就不必再付出其他的努力，只要等待潛意識與高我自動幫你解決問題即可。他們說不定還會一併解決掉連我們都尚未察覺的問題。

最重要的是把發生的一切全都「交給」潛意識和高我。「交給」他們的意思就是，放下那個瞬間發生的事。

放下的瞬間，潛意識所擁有的記憶和自我所懷有的執著都會消失無蹤。

迴圈會用我們想都想不到的方法改變我們的人生。

一開始也許只有微不足道的變化，但是隨著一次次進行迴圈，應該就會發現自己在慢慢改變了。

迴圈

我找到運用迴圈治癒人們、讓人們獲得幸福的方法了。
迴圈？迴圈是什麼？
潛意識
迴圈就是像呼拉圈般的環狀物。
擺動腰部轉起來的那個啊！
要怎麼運用迴圈治癒人們、讓人們獲得幸福呢？
這個迴圈可不是普通的迴圈，是可以治癒人們、讓人們獲得幸福的特別迴圈喔！
只要做出迴圈，就可以瞬間改善症狀或是讓病情好轉。
這個迴圈還真是厲害！我剛才進到迴圈裡面，就覺得身體變輕盈，煩惱也煙消雲散！
嗯，這個迴圈真的很厲害！
特別的迴圈

不過，要怎麼做出這個特別的迴圈呢？
高我
簡而言之，要由你（潛意識）、我以及高我來做
三個人各自牽起彼此的手，才能做出特別的迴圈。
潛意識
高我
特別的迴圈
我
這樣就可以做出特別的迴圈！
等一下！
怎麼了？有什麼問題嗎？
當然有。應該有很多人都不知道潛意識和高我的存在吧！
原來如此。
而你卻自顧自地一直講下去。
確實。

可是，我希望讀者先想著「潛意識和高我是存在的」。
好，那就拜託讀者先認為我們存在吧。
抱歉，各位讀者，請先試著這麼想。
鞠躬
但是還有一個問題。
咦，什麼？還有問題嗎？是什麼問題？
不知道我們能不能和不認識我們的人牽手啊！
什麼嘛，原來是這件事。
這次我繪製了一幅畫，讓不認識你們的人也可以順利進行迴圈。

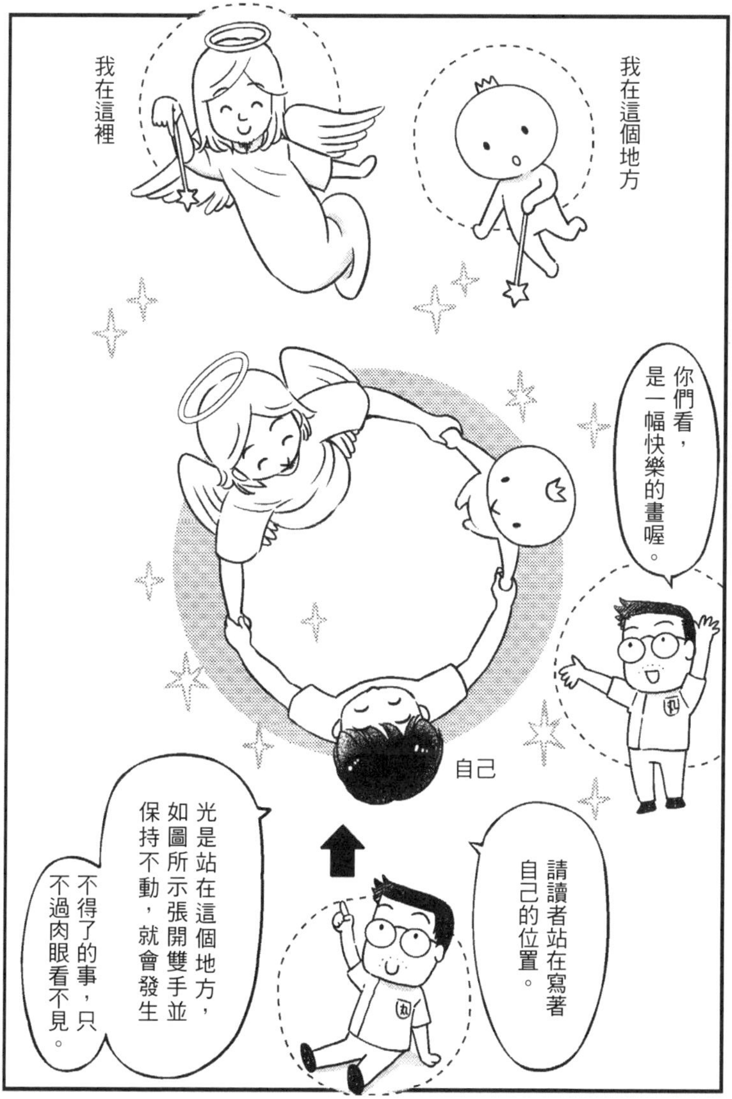
我在這個地方
我在這裡
你們看，是一幅快樂的畫喔。
自己
請讀者站在寫著自己的位置。
光是站在這個地方，如圖所示張開雙手並保持不動，就會發生不得了的事，只不過肉眼看不見。

上面畫著我們呢，真開心。
讀者
是啊，多虧了這些插畫，各位讀者更容易和我們接觸了。
我們也更容易接觸到讀者！
讀者
讀者站到「自己」的位置，就代表他們想要和我們取得聯繫。
嗯。
起飛！
我們也前往自己的圖那裡吧！
起飛！
就定位
我也到了
雖然肉眼看不見，但迴圈上面正發生著這些事。
這次我來到自己的位置

進行迴圈
好，差不多該開始進行迴圈了。
面向潛意識，在心中請對方握住自己的右手。
我要把手放上去囉。
手會感覺到壓力，有一點暖暖的。
原本塞住的鼻子通了，呼吸變得順暢。
吸～
吐～
我感到很開心，於是在心裡唸道：「潛意識，我愛你，謝謝你。」
接著似乎換高我牽起我的手，
我唸道：「高我，我愛你，謝謝你。」

Point 1
高我也握住我的手。
因為很舒服，所以我決定好好品味這分感覺一下子。
Point 2
輕輕閉上眼睛，
此時臉部、脖子、肩膀都不要用力。
Point 3
稍微提起嘴角微笑。
露出一點微笑，全身緊繃的肌肉就會放鬆。
他們兩個看著我的臉，似乎很開心的樣子。
內心平靜了下來，心情感到很安詳。
撲簌簌
撲簌簌
為什麼？
那是因為……

我們從你還在媽媽肚子裡的時候就和你待在一起了。
現在依然比任何人都還要愛你。

撲簌簌
你說的話太令人開心了吧。開心到眼淚都停不下來。
我們也是。

百分百愛你！
無論何時都會愛你！

當三個人緊緊牽起手，迴圈就完成了。

「自己的肚臍在哪裡？」

進行迴圈時，重點不是如何使用頭腦（動腦），而是如何不用腦（動腦）。

我們總是用頭腦來判斷什麼對自己好、什麼不好。頭腦會產生自我。自我並不是什麼壞東西，反而是人生活在這個世界上不可或缺的。

但是，在進行迴圈時，自我那自我中心的部分會造成妨礙。因為潛意識和高我是純粹之愛的意識，沒辦法和不屬於純粹之愛的自我意識待在一起。

因此，在迴圈的一開始，要想著：「自己的肚臍在哪裡？」

為什麼要這麼做呢？這是為了讓意識瞬間離開頭腦，轉移到腹部（丹田）。為了從「在思考的我」變成「不思考的我」，就要將意識從原本已經思考填滿、再也裝不下任何東西的狀態，轉移到空無一物、容納一切的空間。

重點就是，用輕鬆不費力的心情想著：「自己的肚臍在哪裡？」此時頭部不須要朝向肚臍的方向，只要「察覺到」肚臍就好。

冥想指導家兼神祕學家奧修（Osho）在《譚崔經典（九）：奧祕之書（第五卷）上冊》（奧修出版社）中說道：「心和大腦的中心是用來開發的，但肚臍中心並不是。肚臍中心是用來發現的，不是用來開發的。肚臍中心原本就存在，關鍵在於要去尋找它、發現它。它已經以發展完全的狀態存在，不須要我們去開發。」

因為它已經是以發展完全的狀態存在，所以很容易發現。要找出肚臍中心，就要在進行迴圈的時候不斷想著肚臍。這麼一來，自己與肚臍的距離就會消失，最終自己會成為肚臍。

雖然這是我個人的感想，不過在進行迴圈的時候將意識集中於肚臍，會產生一種自己位於肚臍內部的感覺。待在這裡，心情會變得像待在母親子宮裡的時候一樣，平靜無比。

我認為奧修所說的「發現肚臍中心」，應該就是指這種狀態。

閉上眼睛，想著「肚臍在哪裡」

在迴圈的時候閉上眼睛，就會看不見周遭的景色。
但是我可以看見大約這麼大、昏暗又有點亮的世界。
用大腦觀看的世界
只要想著「自己的肚臍在哪裡」，意識就會從大腦周邊轉移到肚臍周邊（丹田附近）。
接著，就會馬上產生一種自己漂浮在廣大世界的感覺。
如果將世界以X、Y、Z的方式呈現，就像是自己成了原點（0.0.0）的感覺。
Z軸
原點（0.0.0）
X軸
Y軸

右手傳來一陣震動。
或許是自己的意識正在往360度全方位擴散。
就在這裡放鬆休息吧。
有個東西像是在觸碰我的肌膚，又像是滲進我的體內。
好安靜。

光之迴圈

在我開始進行迴圈一陣子，並於某天一如往常進行迴圈時，腦中就浮現出一個如呼拉圈般完美的漂亮正圓形。

那呼拉圈般的圓形就像是從我、潛意識和高我彼此交握的手中穿過一樣。

呼拉圈般的圓形散發著柔和的光澤，所以我將之命名為「光之迴圈」。

進行迴圈時，我輕輕閉上眼，在心中注視著光之迴圈。有時候潛意識與高我會消失，只看得見光之迴圈。狀況會因人而異，也有人在看見光之迴圈之後，依然能看見潛意識和高我。

若是看不到，用想像的也無妨。沒有所謂正確畫面，看不見也不代表失敗。

在想像著光之迴圈的情況下，將意識放到自己的肚臍附近。只要想著「自己的肚臍在哪裡？」意識就會轉移到肚臍。如此一來，原本位於胸部附近的光之迴圈就會下降到肚臍的高度。

由於肚臍的附近是丹田，而丹田是氣聚集的地方，所以光之迴圈看起來會更耀眼。此外，有時候也會感到光之迴圈隨著呼吸上上下下。不過，這只是我自己看到的畫面而已，並不是每個人都要看到和我一樣的畫面才行。

在進行迴圈之前和當下，都不要抱有任何期待和願望，也不要許願。請放棄思考，盡可能保持接近無的狀態。

如果出現任何思考或情緒，只要去察覺就好。「察覺就好」的意思是，彷彿自己變成相機鏡頭，不帶情緒與想法地看著天空中浮雲來來去去的狀態，單純地看著自己的思考來來去去。

大約持續三十秒到三分鐘。

在這段期間，意識離開迴圈或光之迴圈也沒關係。若是發覺意識飄走了，就讓意識回到迴圈或光之迴圈上吧。

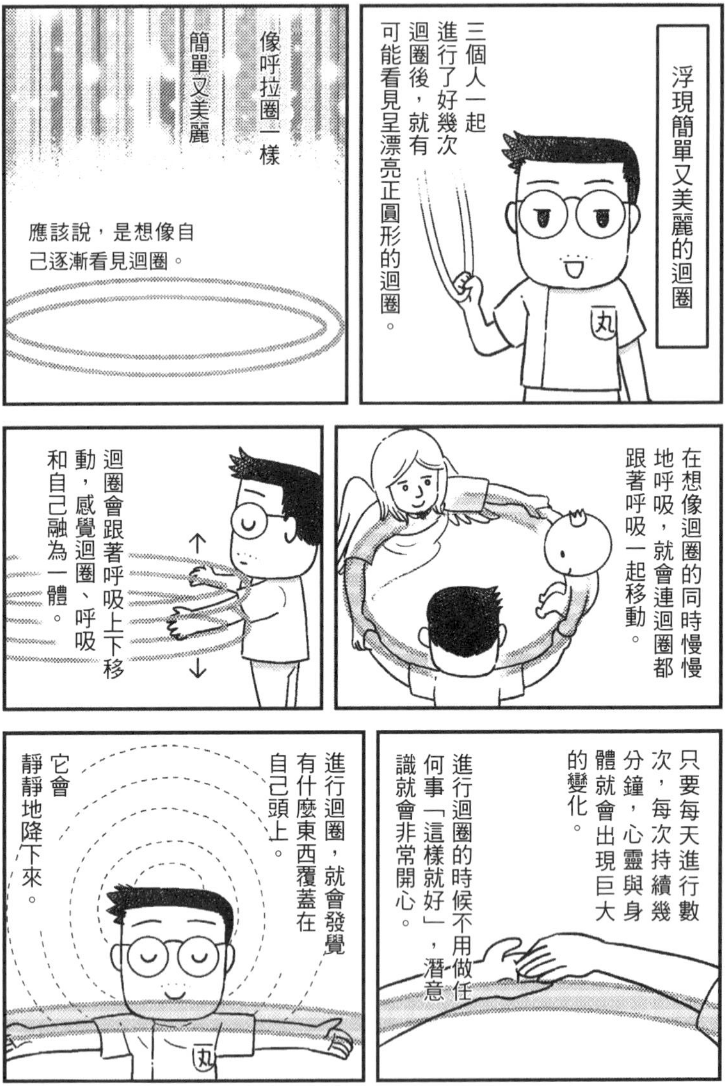
浮現簡單又美麗的迴圈
三個人一起進行了好幾次迴圈後，就有可能看見呈漂亮正圓形的迴圈。
像呼拉圈一樣
簡單又美麗
應該說，是想像自己逐漸看見迴圈。
在想像迴圈的同時慢慢地呼吸，就會連迴圈都跟著呼吸一起移動。
迴圈會跟著呼吸上下移動，感覺迴圈、呼吸和自己融為一體。
只要每天進行數次，每次持續幾分鐘，心靈與身體就會出現巨大的變化。
進行迴圈的時候不用做任何事「這樣就好」，潛意識就會非常開心。
進行迴圈，就會發覺有什麼東西覆蓋在自己頭上。
它會靜靜地降下來。

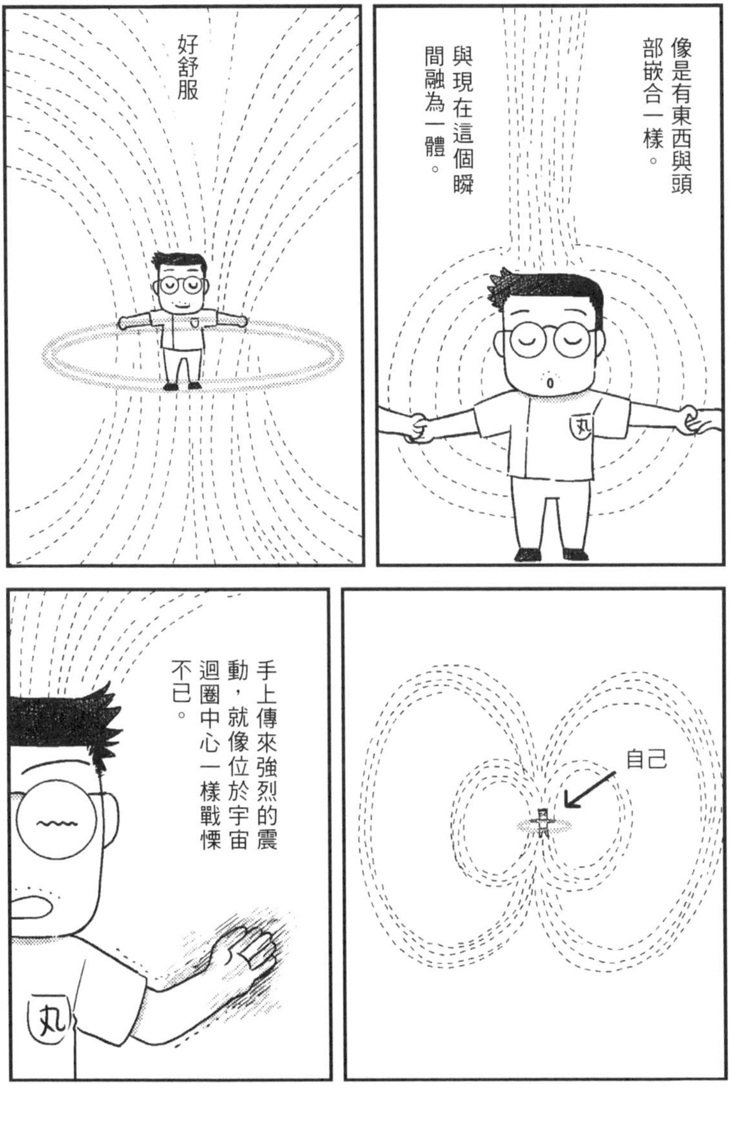
像是有東西與頭部嵌合一樣。
與現在這個瞬間融為一體。
好舒服
自己
手上傳來強烈的震動，就像位於宇宙迴圈中心一樣戰慄不已。

秩序與和諧、寂靜與虛無

當迴圈開始，煩躁感就會消失，心情自然而然會平靜下來，變得輕鬆愜意，即便是初次體驗的人也一樣。

這是因為進行迴圈會產生秩序與和諧，而秩序與和諧會讓我們感到安心與安全。所以進行迴圈後，心情會變得平靜且安穩。

此外，持續進行迴圈，就會開始感受到「寧靜（寂靜）」。將意識集中於迴圈，就會發現迴圈以外的部分什麼都沒有，察覺「虛無」的存在。

再繼續進行迴圈，某種溫和的感受會逐漸滲透進來，像是要把我們填滿。感受和察覺會幫忙處理我們處理不來的痛苦、症狀和問題。

所有的不適症狀都會融化在進行迴圈時出現的創造源泉、純粹察覺之中，最終消失不見。

在我的眼中，那些不適症狀會閃著光芒，化為光點飄上天空。

迴圈的領悟

只要用心眼觀看迴圈的內部，心靈就會平靜下來。
一片祥和！
迴圈內部是完全的寂靜
將意識集中於迴圈內部，會馬上感到神清氣爽。
迴圈內部是什麼都沒有的「虛無」。
啊，什麼都沒有，讓人覺得好舒服。
你們知道為什麼寂靜會讓我們感到祥和，虛無會感到舒服嗎？
我不知道為什麼，如果你們知道就告訴我吧。
完全的寂靜
無
祥和

那是因為，「人的本質」就是寂靜與虛無。
你覺得虛無與寂靜是空無一物、沒有動靜。
但其實虛無具有創造一切事物的力量和秩序。
寂靜具有支持一切事物的作用。
而虛無與寂靜就是你這個意識的本質。
好難懂，我可能沒辦法馬上理解。
沒關係，只要持續進行迴圈，總有一天會打從心底理解的。
你本來就是它，所以只要進行迴圈，就會明白一切。
本質

解決自己的問題

習慣迴圈後，就試著運用迴圈解決自己的問題吧。

請想像把問題放入迴圈中央的樣子。光是這樣就會啟動解決問題的程序。

如果想要整理自我，就想像把自己丟入迴圈內的樣子。像是在單槓上做一個前翻一樣，轉一圈滑進去。

請一邊維持著迴圈，一邊想像自己位在迴圈的中央。

感覺出現時，就把意識集中於該處。浮現想法或思考的時候，只要察覺它就好，不要去追逐它。

持續下去後，最終就會迎來什麼都感覺不到的瞬間。這就是「虛無」和「寂靜」的狀態。

解決問題，清理好自己的時候，請想像把心願或期盼放進迴圈的樣子。

此時的重點在於，一邊維持著迴圈，一邊感受著「現在這個瞬間，一切都是完整的」。

如此一來，就會出現轉換，「現狀（眼前的狀態或現實）」改變，迴圈之中或周遭的不完整事物將會變得完整。

在迴圈的尾聲，請慢慢放開與潛意識、高我牽在一起的手。要如同花苞綻放般，慢慢鬆開交握的手。

用放下自己抓住的一切、交給宇宙的心情鬆開手。

如此一來，光之迴圈就會消失。

內心變得空無一物。

一片寧靜。感受到虛無與寂靜。

但是其中有著滿足感。

你將會發現，這個伴隨空無一物狀態而來的虛無與寂靜，就是「真正的自己」。

以上就是迴圈的基本進行方式。

不要把迴圈當成獲得東西或成為另一個自己的手段，當你把迴圈當作目的，每天享受迴圈，就會發生超乎期待的變化。

解決自己的問題

解決自己的問題
想像自己將現有的問題放入迴圈中的樣子三次。
問題
不要試圖讓問題消失或是解決問題，只要想著把問題放入迴圈之中的樣子。
問題
三次
好好體會這個時候的感覺，
如果你想像出問題慢慢沉入迴圈底部的樣子，就將意識集中於該處。
問題
問題
整理自我，把自己歸零
把自己丟進迴圈中，就像在單槓上前翻一樣，轉一圈滑進去。
一邊維持迴圈的形狀，一邊想像自己位於迴圈中，
無論出現的是什麼樣的感覺。
只要有感覺出現，就把意識集中在那個感覺上。
如果冒出想法或思考，只要察覺它就好。
保持專注，不要去追逐那些想法或思考。

也要察覺此時出現的情緒和感覺，這樣就會迎來什麼都感覺不到的時刻，也就是清理完成、歸零的瞬間。
放入自己的期盼或心願
解決自己的問題，清理完成、歸零後，再將自己的期盼或心願放入迴圈。
這時有一件事非常重要。
是什麼？重要的事
就是要在進行迴圈的時候，內心感覺此刻是完美無缺的。
一邊進行迴圈，一邊在心裡想著：「現在這個瞬間是完整的、完美的，沒有任何事物須要改變。」
如此一來，迴圈中和周遭的不完整事物就會神奇地變得完整。
想著完整，事情就會變得完整。
就像是斷掉的鉛筆恢復原狀，或是碎掉的盤子恢復原狀一樣。

這樣就好
就像《天才妙老爹》裡面的老爹一樣，想著「這樣就好」。
接著，想像自己把心願、祈願、期盼放入迴圈之中的樣子三次。
心願　期盼
祈願
千萬別忘記在迴圈的時候感受完全性。
我知道了。
稍後我會再說明為什麼要想著「現在自己所處的世界、狀況是完整的」。
完整！

在睡覺時進行迴圈

我睡覺的時候也會進行迴圈。

躺在床上，用右手握住潛意識的左手，左手握住高我的右手。一邊睡覺一邊進行迴圈的時候，不用做出漂亮的正圓形迴圈也沒關係，只要牽起他們的手就可以進行迴圈了。

一邊睡覺一邊進行迴圈時，也許是有他們陪在身邊而感到放心的關係，我有時候會直接睡著。

有一次我一邊睡覺一邊進行迴圈，結果身體右側約肝臟、腎臟附近的位置痛了起來。我以前就認為這個部位是自己的弱點，就算沒有到疼痛的地步，也總是覺得很沉重，所以格外在意。

這天我又在進行迴圈的途中睡著了，但是早上起床後，弱點部位的沉重感卻消失無蹤。或許是在我睡著之後，潛意識和高我依然握著我的手，繼續迴圈的關係。

迴圈的基本就是與自己的潛意識和高我手牽手。各位不妨也在日常生活中的各種情況下，以輕鬆的心情試著進行迴圈吧。

隨時都可以進行迴圈

三個人牽起手，就能形成迴圈。
散步時也可以進行迴圈。
泡澡時也可以進行迴圈。
熱水真舒服～♪
我在睡覺時也會進行迴圈。
光是知道自己在人生路上不是孤身一人，就會感到很幸福。

和他們待在一起這件事本身就是奇蹟！
透過迴圈，奇蹟會漸漸變成日常。
奇蹟
Miracle

騎乘腳踏車時也是三個人一起。
叮鈴叮鈴～

自己與潛意識、高我的心融為一體。

改善人際關係

持續進行迴圈，人際關係也能獲得改善。

你的心或許過去曾被某個人深深傷害過。相反地，你也可能傷害過某個人。有時候遇到這種狀況，會無法忘記那個人。想起傷害自己的人的面容，會感到厭惡與恐懼；想起自己傷害的人的面容，會想要找藉口狡辯。

尤其是被某個人深深傷害時，那個人的面孔有可能會時不時浮現在眼前，讓你沒辦法做任何事。

但是，在這種時候進行迴圈，心靈被特定某人綑綁的狀態就會像不曾存在一樣煙消雲散。恐懼、憎恨以及憤怒的情緒也會漸漸消失。

在家庭、職場或學校這類會產生人際關係的場域，光是想像與潛意識、高我一起進行迴圈的樣子，就能得到與實際進行迴圈同樣的效果。持續不斷進行迴圈，最後就不會再出現因人際關係而產生的負面情感、思考和想法。也會漸漸減少為了人際關係煩惱的情況。

開始在日常生活中進行迴圈後，因人際關係而產生的負面情感和能量就會在一次次的迴圈中消融。

一邊想像著迴圈一邊生活，是改善人際關係最好的方法。

只要與人接觸，就一定會產生討厭與喜歡的情緒。如果置之不理，一定會發展成悲慘的人際關係。為了避免這種情況，請大家進行迴圈，消除對於他人的不必要想法和感情。

症狀逐漸消失

若是感覺已經透過迴圈將自我清理乾淨了，就把意識集中於疼痛、緊張和緊繃的部分。不要試圖消除疼痛、緊張和緊繃，要把它們當作自己的孩子關心，只是和它們一起待在「現在」這個瞬間。

如此一來，就會感覺到症狀如同融冰般慢慢消失。如果沒有出現任何變化，請在內心對此刻自己所處的狀況和整個空間說：「你是完整的。」這麼做之後，大部分的症狀都會消失。

不過，有時候也會遇到完全感受不到症狀變化的情況。即便如此，在我們看不到的地方依然在確實發生著好的變化，所以無須擔心，請繼續進行迴圈。

只要進行迴圈，就會立刻出現解決問題的轉換。

不過，有時候要過一段時間才會出現肉眼可見的結果。就算造成疾病或症狀的原因消失了，也可能還須要等待一陣子才會顯現出結果。

結束迴圈後，迴圈的效果仍會持續很長一段時間，因此不用太在意剛結束時的結果。

舉例來說，即便迴圈剛結束時膝蓋的疼痛未獲得改善，也很有可能在一個月後突然完全消失。

內心的黑板與迴圈

每個人心中都有一塊黑板（類似黑板的東西）。

要是用心靈粉筆在那塊黑板上寫下「疾病、不幸、問題」，它們就會成為現實；若是在黑板上寫下「健康、活力、幸福、愛、美、智慧、友情」，它們也會成為現實。

每個人心中都有這樣一塊黑板，只是多數人都沒有發現。

假設這裡有一名罹患癌症的人，而那人心中的黑板上寫著「癌症、疼痛、恐懼、不安、痛苦、悲慘、對抗癌藥物的恐懼、抗癌藥物的副作用」。若維持原狀，不擦掉黑板上所寫的內容，這個人肯定會變成內心黑板上所寫的那樣。

如果黑板上寫著負面詞語，該怎麼做才能避免自己變成那樣呢？答案很簡單，只要擦掉黑板上寫的負面詞語就好。但是，要怎麼擦掉呢？

有很多方法可以擦掉黑板上寫的負面詞語，但據我所知，最簡單的方法就是進行迴圈。

因為在迴圈的程序中，沒有自己動手處理的意識。只要抱著完全交給潛意識和高我處理的心態進行迴圈，自己在進行迴圈的這分自我意識就沒有插手的餘地。

在與潛意識、高我和自己牽起手進行迴圈的階段，會出現舒服的感覺，也會察覺迴圈周遭的空間存在虛無與寂靜。虛無是沒有形體的純粹察覺，寂靜則是沒有能量的純粹察覺。作為純粹察覺的虛無與寂靜會擦去黑板上的負面詞語。

在大多數情況下，透過迴圈除掉寫在黑板上的負面詞語後，症狀就會消失。即便是癌症病人，在那一刻，負面情緒以及癌症帶來的疼痛、不安、無力感都會消失無蹤，有時候連呼吸困難、心悸的症狀也會消失。

但是，人心中具有自我的意識。當這個意識發現寫在黑板上的負面詞語不見了，就會再重新寫上去。這麼一來，症狀就會立刻捲土重來。

可能有人會覺得「果然做了也沒用」，但是再進行一次迴圈，症狀就會再度消失。接著，自我意識又會再度發現，重新寫上負面詞語。

這時不要氣餒，只要不斷重複進行迴圈，最後自我意識就會開始覺得：「啊，寫黑板好麻煩。」即便負面詞語被擦掉，也不會再去重寫了。

如此一來，癌症與其相關的症狀和不適感會從此消失。在堅持不懈進行迴圈的人之中，甚至有些人的腫瘤變軟、變小，終至消失。

為了避免罹患疾病或發生問題，我們平常就必須留意自己的心靈，檢查黑板上有沒有寫著負面詞語。

如果發現自我在內心的黑板上寫下負面詞語，就必須清除它們。

然而，我們不知道該如何去檢查，也不知道該如何消除它們。

可是不用擔心。即便什麼都不知道，只要平時沒事就進行迴圈，潛意識和高我就會發現並確實消除它們。

我們所要做的，只有邀請他們進行迴圈而已。

只要平時沒事就進行迴圈，出現疾病或問題時，潛意識和高我就會迅速應對。從這幾個層面來看，我很建議大家平常沒事就進行迴圈。

內心的黑板

人的心中有一塊黑板黑板上寫著很多東西。
寫在內心黑板上的事情很容易化為現實。
不安
憤怒
眼疾加重
對死亡的恐懼
怨恨
痛苦
想欺負人的心情
啊，糟了，該怎麼辦！
眼睛漸漸看不見了。
如果失明了該怎麼辦，好不安。
受到大量負面事情和情緒的影響。
那個可以透過迴圈消除喔！
真的耶！進行迴圈之後，內心黑板的負面內容就消失了！
不會感到不安，眼睛問題也好轉，能看清楚了。
誰把我（自我）寫的文字擦掉了！那我就再寫一次。
壞事
自我

心情又變差。
壞事
沒事沒事
再進行一次迴圈吧！
院長
舒暢
我又好了。
自我
咦？剛才寫的壞事又被擦掉了。
再寫一次吧。
一堆壞事
沮喪……
再進行迴圈
舒暢！！
自我
舒爽
又不見了！

一直重複寫壞事好煩喔！
喀啦
自我
不管內心的黑板了。
不知道為什麼，不安和悲傷突然消失了，內心變得好輕盈。
輕盈
可能是自我放棄在內心黑板上寫壞事了？
他搞不好會再跑來寫壞事，要常常檢查內心的黑板才行。
好，我會常常檢查內心的黑板。
希望你可以在意識到或想做的時候隨時進行迴圈。
迴圈是內心黑板的板擦

嘗試操縱光之迴圈

光之迴圈本身很單純，它會變成各種模樣，變大、變小、變粗、變細、變成雙環狀。

光之迴圈的變化型態是因人而異，也有可能會完全沒有變化。

無論是什麼樣子，它都是完整的，不過我個人會感覺光之迴圈時重時輕。有時候會看到光之迴圈像是在往天空的方向攀升，有時候又會看到它像是在往地球的中心下降。

剛開始的時候，不要試圖操縱光之迴圈，靜靜看著光之迴圈自由變化就好。重點在讓光之迴圈自在優游。

等到過了一陣子，習慣光之迴圈之後，再用自己的意志操縱它。讓它旋轉、讓它像拉緊束口袋的繩子般縮小，也可以讓它變得比宇宙還大。

讓光之迴圈無邊無際地不斷擴大。擴大到光之迴圈占滿你所在的房間，再擴大到天際線，擴大到日本的大小，擴大到地球的大小，再繼續擴大到和銀河系一樣大。

就我個人的情況來說，這麼做之後，光之迴圈上方的空間就會發生變化。就好像光之迴圈上方的空間被光之迴圈的引力吸到光之迴圈裡面一樣。

空間一開始是慢慢的，接下來就逐漸加速墜入光之迴圈裡面。

這不是我刻意想像出來的畫面，而是自然產生的畫面。

光之迴圈上方的空間通過光之迴圈，像是被吸到下面一樣逐漸消失。光之迴圈下方看起來是個像地獄般的無底洞。而待在光之迴圈內之人的症狀有很高的機率會消失，這部分後面會再詳細解說。

每個人想像出來的畫面應該都會不同。不必想像出和我一樣的畫面，只要看著出現在眼前的畫面就好。如果沒有任何畫面浮現，那就保持原狀。有時候這樣反而會比較好。

請大家在進行迴圈時留意一件事情，就是不要試圖重現過去曾出現過的畫面。可以單純看著出現在眼前的畫面，但不要被它所束縛。

無須對光之迴圈的變化抱有期待和目的。不帶任何目的地操縱光之迴圈時，才會有餘裕。餘裕就是空白，而空白會孕育出各式各樣的可能性。

將一切全都變成光的奇異點

我對病人進行迴圈的時候，偶爾會看到龍捲風形狀的漩渦從病人頭上降下來。那個漩渦會像是被吸進迴圈中間般消失不見。與此同時，病人的症狀就會確實地消失。

簡直就像有東西被吸進黑洞一樣。我認為那個東西大概就是形成病人身上的症狀或疾病的原因，也就是記憶和資料。

進行迴圈時產生的漩渦是有方向性的。漩渦由下往上的時候是逆時針方向轉動，由上往下的時候則是順時鐘方向轉動。還有一些進行過迴圈的人，能夠看出漩渦切換方向的樣子。

迴圈的中心有著如同無底沼澤般無限廣大的空間。無論有多少東西、東西有多大，那個空間都可以輕鬆容納，它是一個擁有無限容量的容器。

這個容器裡會產生一切必要的東西，並將所有不需要的東西變成光。變化之後的光會在迴圈的內外循環，成為創造時的原料。

只要進行迴圈，就會知道那幅景象。知曉了真理，就會浮現靜謐的喜悅。

宇宙有著可以吸入任何東西的黑洞。黑洞會吞噬連同光在內的一切東西，將之變化成無（實際上是光）。

我認為黑洞不只存在於宇宙，也存在於人類意識的最深處。

黑洞呈現牽牛花般的漏斗狀。在黑洞的最深處（底部），有著將各種事物變化成光的特異點。

位於我們意識深處的黑洞特異點，就是光之迴圈。朝向光之迴圈的所有東西都會被吸進去，通過光之迴圈後，就會變成無形的光。在光之迴圈裡發生的事，和宇宙中黑洞裡發生的事是一樣的。

宇宙中的黑洞掌管著破壞與再生的循環。位於意識深處黑洞的光之迴圈，也掌管著破壞與再生。

只要進行迴圈，就能夠從離特異點非常近的貴賓席觀賞創造、再生與破壞的過程。

成不成功都沒關係

藉由進行迴圈得到療癒是令人開心的事，這是一個有趣又快樂的體驗。

不過，有時候也會遇到問題。進行迴圈時，內心可能會浮現「迴圈＝治癒」的想法。這麼一來，就算製造了迴圈也不會開心，療效亦會立刻消失。

遇到這種情況時，要先暫停利用迴圈來治療。將進行迴圈本身視為目的，享受因進行迴圈而產生的變化和感覺。

等到能夠用這種心情來進行迴圈的時候就沒問題了。進行迴圈就會再次擁有治癒的能力。

進行迴圈的基本概念是因為舒服才做。如果一開始就打算透過迴圈努力治癒疾病或解決問題，有可能無法順利進行迴圈。因為想要做些什麼的心情，會招來自我之心。

若是想透過迴圈解決疾病或問題，就把希望解決疾病或問題的意圖寫在紙上。接著，朝著紙的方向進行迴圈。這麼一來，自我的心就難以進入，進行迴圈的過程也能夠順利。

追根究柢，治癒疾病、成功、達成目標都是副產物，只是額外的贈品。

進行迴圈時，要抱持成不成功都沒關係的心態，也就是不偏向正面或負面任何一邊的中庸心態。

中庸的意思就是，無論發生什麼事，「一切的創造都是好的」。世上發生的所有事，都具有超乎人類智慧的崇高意義。在日常生活中保持中庸的心，最終就算不進行迴圈，潛意識與高我也會開始主動進行迴圈。

把進行迴圈視為目的

告訴你一件很重要的事。
好啊，是什麼事？
我們希望你是因為覺得進行迴圈很舒服才進行迴圈。
什麼意思？
拜託
就是把這件事視為進行迴圈的目的，不要為了實現某個願望而進行迴圈。
你們的意思是，不要把進行迴圈當成實現願望的手段嗎？
沒錯，就是這樣！
可是，這樣不會無法實現願望嗎？
？
沒這回事！

進行迴圈的副產物，就是獲得超越你期望和想像的好結果。
好結果
咚
願望、慾望、期待一定會帶有自我的想法。如果出現自我，就沒辦法順利進行迴圈。
咻！
期待
慾望
原來如此，我懂了。只要把進行迴圈這件事本身視為目的，自我就沒有插手的餘地了。
如此一來，就能順利進行迴圈。

將結果和功勞全部歸於他們

製造愈多次迴圈，我們與潛意識、高我之間的信賴關係就會一天天加深。而遇到微不足道的小事也積極進行迴圈，迴圈所帶來的變化（轉換）就會與進行迴圈的頻率成正比，變得愈來愈容易發生。

像這樣養成進行迴圈的習慣，遇到問題時，就算自己不開口說要進行迴圈，潛意識和高我也會主動採取行動，與我們進行迴圈。於是在不知不覺間，症狀和疾病就痊癒了。他們還會幫我們實現藏在內心深處的願望。

不過，無論進行迴圈得到了多好的結果，出現多厲害的療效，都不可以歸功於自己，這件事非常重要。

促使這些事發生的，是三位一體的察覺。自己只是見證了奇蹟發生的瞬間的意識，懷有這分謙虛的心，才能讓迴圈成功。請將結果和功勞全歸於他們（潛意識和高我）。

無論發生了多麼厲害的奇蹟都不能歸功於自己，這其中是有原因的。

只要稍微有一點這是自己功勞的想法，自我就會跑出來，導致迴圈無法製造出完全的奇蹟。

第3章

對重要的人進行迴圈

迴圈所能做到的最大療效是什麼

接下來要說明對自己以外的人進行迴圈的方法。

當重要的人健康狀況不佳、身體出問題或感到不安，可透過迴圈來改善。

過去曾有一個透過迴圈治癒第四期（末期）癌症的案例。

八年前，一名罹患大腸癌且癌細胞已轉移至肝臟的四十多歲女性來找我看診。她是因為八年前的腸阻塞而發現自己罹癌。據說當時看診的醫師對她說，如果再晚三十分鐘來醫院就會性命不保。

剛罹患癌症時，她做了抗癌藥物治療和手術，但是兩年前癌症復發，她不想再接受抗癌藥物治療，因此來到我的診所。我教了這位小姐的伴侶用立體卡巴拉進行迴圈的方法（後面會提到），並請她每天進行幾次。

除此之外，也請她在晚上睡覺時減少電磁波的不良影響。

她回診了幾次後便不來了，就這樣過了一年多。因為她的癌症病情非常嚴重，正當我開始擔心她是不是惡化到臥病在床或是早已過世的時候，她來到了診所，向我報告大腸癌和轉移到肝臟的癌細胞都已經消失的消息。

她沒有進行抗癌藥物治療，也沒有吃保健食品，只靠立體卡巴拉迴圈和電磁波應對策略就痊癒了，讓我感到相當震驚。

大家可能會覺得，這是我在看診時進行的迴圈和電磁波應對策略展現顯著效果的案例，但我認為是伴侶帶著深深的愛意不斷為她進行迴圈，才讓她奇蹟似地康復。

還有另一個案例，一名罹患乳癌的女性只靠運用立體卡巴拉的迴圈，就讓症狀好轉，再搭配服用抗癌中藥，讓腫瘤標記下降，恢復了活力。

不過，並不是只要進行迴圈疾病就會痊癒，尤其是症狀嚴重的疾病。

進行迴圈可以與現代醫療產生加乘作用，促進疾病痊癒。此外，不只是現代醫療，迴圈也能與針灸、能量療法、身心靈療法等各式各樣的治療法產生加乘作用。

只要透過迴圈進行深度療癒，疾病痊癒的時間就會縮短，也能夠增強治療效果。

因此，不管是自己進行迴圈還是對其他人進行迴圈的時候都一樣，即便在做了迴圈後疼痛等症狀消失或病情好轉，都不要自行中斷目前正在接受的治療，一定要去找醫生等專業人士看診。

當然，即使一邊做該做的治療一邊進行迴圈，也不是所有人都能痊癒。尤其是癌症末期的病人，有些人即便進行了迴圈也無法痊癒。

不過，進行迴圈能療癒許多人面對疾病和死亡的不安和恐懼，讓內心產生真正的平靜也是事實，而這就是迴圈所帶來的最大療效。

接受迴圈的事前準備

在接受迴圈之前，無須進行放鬆、深呼吸、集中精神、冥想等事前準備。內心也不須要懷有強烈的目的、期待、願望和意圖。換句話說，就是不須要藉由迴圈來許願「希望自己的○○會○○」。

接受迴圈的人，只要保持一顆自由的心。看是要坐在椅子上，還是站著都行，自己舒服就好。

尚未習慣迴圈前，閉上眼睛可能會比較好。逐漸習慣迴圈後，不管是要睜開眼或閉著眼都可以。若是因為遲遲等不到迴圈開始而感到焦躁不安，只要將意識集中在自己的呼吸上就好。

如同前述，進行迴圈的時候一定要說：「這是我有生以來第一次進行迴圈。」此時，接受迴圈的人也要說：「這是我有生以來第一次接受迴圈。」無論是在內心默念，或是說出口都可以。

人具有自我意識。自我意識不會出手干涉我們第一次做的事。然而，第二次以後，他就會對照過去的經驗，不懂裝懂地說：「這我早就知道了。」

接著，每當進行迴圈，他就會在內心說：「喂喂，你怎麼又在進行迴圈啊？明明沒什麼效果。」這麼一來，我們就無法享受迴圈，效果當然也會降低。

之所以要說「這是我有生以來第一次進行迴圈」或「這是我有生以來第一次接受迴圈」，就是為了避免自我意識來妨礙我們。

迴圈有訣竅嗎？？

迴圈有什麼訣竅嗎？
有啊。
訣竅？
進行迴圈之前，要在心裡默念「這是我有生以來第一次進行迴圈」。
為什麼要這麼做呢？
自我
這是為了避免自我來阻礙迴圈。
為什麼自我會阻礙迴圈呢？
丸
你之前也做過迴圈吧？只不過是會變得舒服而已，根本沒有意義。
不如我們去做些更刺激的事吧，不要再搞什麼迴圈了。
真的耶，自我在阻礙迴圈！

因為自我無法理解迴圈的本質，也就是「無」「空」「寂靜」和「純粹的察覺」。
自我
我最討厭保持安靜和待著不動了。
第一次進行迴圈時他什麼都不會說。
安靜
第一次嗎？
但是只要體驗過一次，他就會開始搗亂。
哈哈哈，我已經懂了～
自我會想要吹噓自己很懂。
原來如此！所以只要想著「這是我有生以來第一次進行迴圈」，自我就什麼都不會說！
喜歡初體驗
嗯。

對他人進行迴圈的方法

如果要對他人進行迴圈，進行的一方要先製造自己的迴圈。方法和上一章介紹的一樣。

在心中對潛意識和高我說：「來進行迴圈吧。」並朝他們伸出雙手，等待他們把手放上自己的手。大概三十秒到一分鐘，彼此的手就會牽在一起。

這個時候，我都會對自己的潛意識和高我說：「我愛你們，謝謝你們，你們是完整的。」

三個人維持著迴圈，同時輕輕閉上雙眼想著：「自己的肚臍在哪裡？」如此一來，意識就會從頭部移動到丹田，呼吸也會自然加深。保持這個狀態，稍微放鬆休息一下吧（三十秒到數分鐘左右）。在這段期間，如果覺得想睡就睡吧。如果能感覺到自己的潛意識和高我，就繼續感覺。

有時候會出現光之迴圈。光之迴圈有可能忽大忽小，不斷變化。有時候會出現某種想法、情緒、感覺、思考；有時候會出現虛無（空無一物）、寂靜（寧靜）和感覺；也有可能察覺到現在這個瞬間的完整性。

於現在這個瞬間放鬆休息，並將迴圈的程序完全交給潛意識和高我。

接受迴圈的人請將雙手食指豎起來（參照第一三五頁的漫畫）。這樣就能發揮天線的功能，讓你確實接收到迴圈的作用。

大多數接受迴圈的人在豎起手指時，都會感覺指尖麻麻的有麻痺感，或是覺得有什麼東西從指尖傳到身體。當然，沒有任何感覺也無妨。接受迴圈的人要保持著這個姿勢。

接下來，接受治療的人要來到迴圈的中心，執行迴圈的程序。

進行迴圈的人要調整迴圈的位置，讓接受者來到自己製造的迴圈中心。說是調整，其實只要想著接受者位在迴圈中心的樣子即可。

接著，在此時此刻放鬆下來，放鬆到幾乎要忘掉接受者的存在。這時候最重要的，就是不要想著讓位於迴圈中心的人好轉、消除症狀或治癒疾病之類的事情。

進行迴圈的同時，享受當下這個瞬間的完全性。好比一流陶藝家做出了完整又完美的陶器時，會為那個陶器的完全性著迷一樣，請用心想著，正在進行迴圈的這個當下是完整的，沒有任何事物須要改變。光是這麼做，就會產生很大的變化。

大部分接受治療的人進入迴圈後，都表示覺得身體很熱，已經不只是溫暖的程度。還有人在數十秒之內就滿頭大汗。

也有人說肩膀不再感到疼痛和僵硬，也有類風濕性關節炎病人在做完迴圈之後疼痛減半。

曾有罹患癌症或其他病痛的人表示，進入迴圈後疼痛便消失無蹤。當我對因為癌症而疼痛不已的人進行迴圈，一百人之中約有九十人的疼痛會消失。

進行迴圈時，自己的身體或病人的身體可能會自己擺動或搖晃起來（主動運動）。這就是迴圈順利的徵兆。這時候，請放任身體自行擺動。

不過，即便身體沒有擺動，也不代表迴圈不順利。

對他人進行迴圈

讓病人站在迴圈中央。
我治療病人的方式是讓病人進到迴圈中央。
在迴圈中央，人的身體百分之百會出現變化。
比如這種狀況。
乳癌的地方好痛～
真糟糕！
必須做點什麼才行。
可是沒有止痛的麻藥。那就來進行迴圈吧。
想像自己欲醫治的病人進入迴圈中央。
進行迴圈，同時在心裡想著：「現在我的眼前有一名說自己非常疼痛的人，可是……在進行迴圈的這個瞬間，她是完整的。」
接著，將意識集中於迴圈或自己的呼吸上，而非對方或對方的症狀。
哇
呀

進行迴圈後，八、九成的疼痛都會消失。
不痛了！
疼痛也有可能不會消失。遇到這種情況，就繼續進行更多次迴圈，且不要試圖消除疼痛。
有可能是過一陣子才會好轉。

讓迴圈的力量集中
請位於迴圈中的人豎起雙手食指。
這麼一來，豎起的手指就會發揮天線的功能。
迴圈的作用會集中於迴圈裡面的人。
食指
有時候只要豎起食指，就能消除原本進入一般的迴圈也無法消除的疼痛。
（大拇指要藏起來）
也可以自己打造迴圈，把自己放在迴圈的中心。
像平常一樣三個人一起打造迴圈，持續三到五分鐘就行。
A
接著，從Ⓐ的位置把自己放入迴圈中央。

對身心進行迴圈的效果

實際試著應用在臨床場面後，我發現迴圈的作用範圍似乎相當廣。迴圈有很高的機率能減輕痛苦、促進痊癒。迴圈具有即效性，在某些特定的疾病或不適症狀上，有時候還會發揮超越現代醫療的效果。

迴圈會迅速在人類周遭創造出治癒氣場（治癒不適或疾病的環境、時空）。即便是剛學會迴圈的人，也可以幫助大多數身懷病痛的人改善狀況或讓病情好轉。潛意識與高我的功勞可是很令人吃驚的。

進行迴圈時，可能會接收到接受者哪個部分須要治療的資訊。這個資訊有時候會在我的身上以疼痛的形式顯現。

舉例來說，當對腎臟不好的病人進行迴圈，從我右腳底的中趾根部約往後兩公分處便會感到一陣疼痛。試著按一下該處，病人和我都會感到疼痛。

我知道這個部位的穴道可以改善眼前接受迴圈的病人的腎臟狀況，於是就請病人刺激那個穴道。

如上所述，只要進行迴圈，就能夠以各種不同形式接收到治療病人所需的資訊，並告訴病人。

迴圈不只有高機率能減輕或治癒痛苦，有時候還會出現奇蹟般的治癒。舉例來說，對於現代醫學界尚未研究出治療法的遺傳疾病，迴圈也展現出了具有立即性的顯著效果。另外，不只是癌症的痛楚，迴圈也經常能對癌症本身發揮作用，使病情好轉。

除此之外，不僅僅是身體上的症狀和疾病，迴圈對精神疾病或失調也能發揮作用。當然，高血壓、糖尿病等慢性病，也可以透過持續進行迴圈來改善。

迴圈不僅可以消除身體上的疼痛，也能消除心理上的痛苦。

進行迴圈，就可以讓心理生病的人的失調狀態歸零。

進行迴圈的人，只要用和平常一樣的程序開始即可。

進行迴圈之後，就算不知道接受者的情緒壓力成因為何，也可以療癒心理上的痛楚。

由於不用詢問個人心理痛苦的原因，就不會侵犯對方的隱私，也不用擔心因為聽了造成對方情緒壓力的內容，而加重自己的心理負擔。

遠距離迴圈

我們也可以對不在現場的人進行迴圈，這稱為「遠距離迴圈」。

方法非常簡單。

在腦中想像接受迴圈的人，並具體想像那個人站在自己面前的狀態。接著，對想像的對象進行迴圈。好像對方就站在面前般，進行所有迴圈的程序。

這時須要做的只有將一切完全交給潛意識和高我，僅此而已。

喚醒潛意識和高我

藉由迴圈，可以喚醒接受迴圈者的潛意識和高我。

這是一個劃時代的方法。會這麼說，是因為即便接受迴圈者是過去從來沒有關心過潛意識和高我的人，也可以透過這個方法，讓該人的潛意識和高我覺醒，開始積極參與迴圈。

方法很簡單。進行迴圈的人請想像自己的潛意識與高我在接受迴圈者的胸口中央附近牽起手。如此一來，接受者的身體就會來到進行迴圈者所製造的迴圈圓周上（參照第一四二頁）。

此時，接受迴圈者、進行迴圈者，以及進行迴圈者的潛意識與高我這四個人，就會站在同一個迴圈的圓周上。保持這個狀態持續進行迴圈，接受者的潛意識與高我就會覺醒。

當接受迴圈者的潛意識和高我覺醒後，進行迴圈的人就要告訴接受迴圈者以及他的潛意識和高我，在必要的時候可以自己製造迴圈。

這麼一來，進行迴圈的人就不用隨時對接受者進行迴圈了。即便接受者完全沒有迴圈的相關知識，接受者的潛意識和高我也會用完全的形式進行迴圈，為他調整健康狀態和心理狀態。

喚醒潛意識和高我

接下來我要確實喚醒妳的潛意識和高我。
丸
麻煩你了。
A 小姐
我的潛意識和高我會在妳的心臟附近牽起手。
潛意識
A 小姐
丸山
高我
由上往下看，就是像這樣打造迴圈。
A小姐的腳邊有紫水晶色的光芒往上散發出來。真厲害。

我（丸山）的潛意識和高我在A小姐的心臟處牽起手。
像這樣製造出迴圈。
感覺怎麼樣？
心臟一帶暖洋洋的，很舒服。
A小姐的潛意識和高我完全醒過來了！
我對A小姐的潛意識和高我說，從今以後要請妳們「與A小姐成為三位一體，合而為一喔」。

第 4 章

利用立體卡巴拉提升迴圈效果

立體卡巴拉的力量

接著要來談談提升迴圈療癒能力的方法。

西洋的卡巴拉神祕學中，有一個名為「生命樹」的象徵符號。這個符號通常都被描繪成平面圖，但其實那都是將立體的生命樹畫成平面的圖。

我決定將這個符號恢復成原本立體的型態，於是做出了立體卡巴拉模型（以下簡稱立體卡巴拉，請參考本書最末頁）。

將立體卡巴拉放在人的頭部中心，光柱就會從天而降，直直貫穿人的身體，通往地球的中心。當光柱到達地球中心，就會反轉並再度貫穿人體，回到天上。

這麼做之後，大部分病人都表示「身體變熱了」「感覺有東西從天上進到體內」。接著，原本的症狀就會立即消失。因為立體卡巴拉具有將人真正治癒

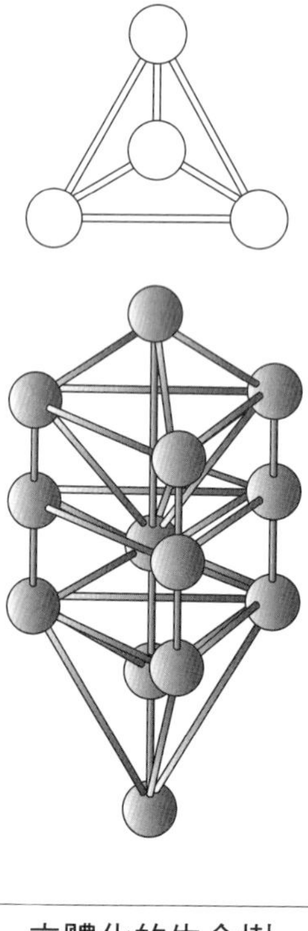

立體化的生命樹

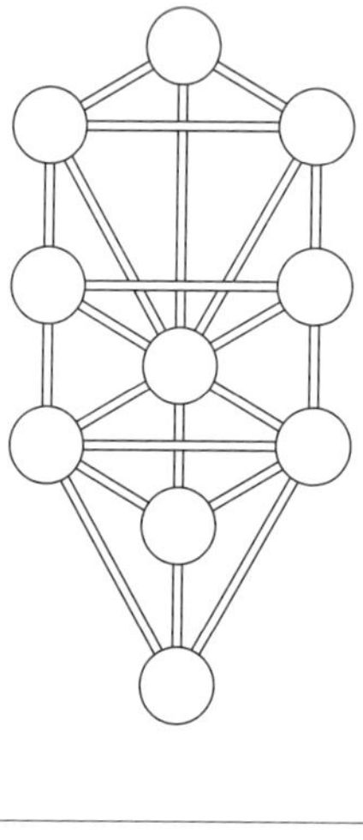

生命樹

的力量。

這和氣功不一樣，是一種治癒人的方法。

氣功是由受過訓練的氣功師送氣給人們。而立體卡巴拉則無須訓練，任何人都可以輕鬆降下光柱。

我剛做好立體卡巴拉沒多久的時候，發生了一件事。

我用右手拿著立體卡巴拉時，身旁明明沒有任何人，右耳耳邊卻響起了人的說話聲。我聽到一個男性的聲音在說「亞倫杖」這個詞。

我嚇了一跳，馬上去查「亞倫杖」是什麼，得知它是《舊約聖經》的〈出埃及記〉中，率領好幾十萬人逃離埃及的摩西在把海一分為二時使用的法杖。

這代表亞倫杖在經過了數千年的歲月之後，於現代復甦了嗎？雖然不知其真偽，但是世上有能量可以創造出與亞倫杖同等的奇蹟，這一點應該是不會錯。

亞倫杖

剛做好這個的時候，我的右耳聽見一道細語。
「亞倫杖」。
那道聲音是這麼說的。
唉？
左顧右盼
奇怪，旁邊明明沒有人，卻聽到了聲音。
對了，亞倫杖是什麼啊？
調查過後
是摩西把海一分為二時使用的法杖。
這果然很厲害！！
是神賜給摩西的神器啊。
於是我會將這個東西放在許多人的頭部或脊椎上，讓上天的氣進入他們的身體。

立體卡巴拉的厲害之處還不只如此。

立體卡巴拉是蘊含著各種可能性的奇蹟立體模型，不僅限於像摩西這種擁有特別力量或任務的人，即便是像我這種普通人拿著它，也可以做到和摩西同樣的事。

當我將立體卡巴拉放在人的頭上，光柱就會從天而降，該處也會進入更高一等的次元。

如果讓優秀的治療家拿著它，治療效果肯定會顯著提升。

不僅如此，就算是沒有醫學或醫療相關知識和治療經驗的人，只要拿著它，也有非常高的機率能達到和頂尖治療家同樣的效果。

實際上也發生過一則案例是，一名女性的大腸癌轉移到肝臟，被告知現代醫學已經無計可施後，卻運用立體卡巴拉讓全身的癌症痊癒。

而且立體卡巴拉還有一個作用，就是可以保護持有者不受有害能量傷害。

人會接收到來自智慧型手機或Ｗｉ-Ｆｉ的人工電磁波，以及來自別人的想法或情緒，有時候會接收到不好的能量，造成身心狀況變差。

為了防止這種情況，人會發出保護自己的電力、磁力能量來防禦，但防禦力有時候會減弱。這時候，只要把立體卡巴拉放在頭上，人體所擁有的電磁防護罩功能就會恢復。

調查人腦前葉（前額葉皮質）的血流，就能證明立體卡巴拉在人體上發揮的功效。把立體卡巴拉放在頭上，下方腦前葉（前額葉皮質）的血流量就會明顯上升。因此人的專注力會增強，記憶力和想像力也會提升，能夠獲得自己需要的靈感或直覺。

立體卡巴拉會提升人類所擁有的能力，簡直就是奇蹟的工具。

運用立體卡巴拉的迴圈

我在潛意識和高我告訴我迴圈的方法，並於剛開始進行迴圈的時候，只能幫七成的病人消除症狀。

雖然七成也挺厲害的，但對我而言仍不足夠。如果可以，我希望能讓九成以上的病人病情好轉。

於是我請接受迴圈的人拿著立體卡巴拉。只要拿著立體卡巴拉，光柱就會從天而降。這麼做之後，大約九成的人的症狀都當場消除了。結果相當驚人。

在迴圈的時候使用立體卡巴拉，肯定能獲得超乎期待的效果。

雖然力量不及立體卡巴拉，但將本書所附的立體卡巴拉照片放在接受迴圈者和進行迴圈者的左胸口袋，並讓照片面向胸口，也可以提升迴圈的效果。

如果要使用立體卡巴拉為自己進行迴圈，只要用手拿著立體卡巴拉（哪一隻手都可以）就好。這樣就能立即感覺到現場的變化和自己身體的變化。

使用立體卡巴拉，就能讓迴圈的程序進行得順暢無比，就像河水從上游流往下游一樣。

就我自己來說，我在使用立體卡巴拉進行迴圈時，會感受到和神社裡的御神氣（在神社感受到的純淨之氣）一樣的涼風吹向自己。我認為這陣風就是現場提升到更高次元的訊號。

使用立體卡巴拉對人進行迴圈時，要請接受迴圈的人用雙手拿著立體卡巴拉。接下來，只要照著和平常一樣的程序進行迴圈即可。

拿著立體卡巴拉就能提高迴圈的效果，是因為包覆著人體的神聖幾何學型態（肉眼看不見，使用心眼，也就是第三隻眼才能看見）與立體卡巴拉的型態相同、相似。

包覆著人體的神聖幾何學型態有時候會因為某些原因而扭曲、傾斜，變成異常狀態。神聖幾何學型態若是異常，就會造成身心異常。

拿著立體卡巴拉接受迴圈，能夠矯正神聖幾何學型態的異常，而人也會隨之恢復活力與健康。

之所以會這麼說，是因為神聖幾何學型態是在天地間來回的氣（prana）的根源——光的通路，也是從大氣中收集氣並提供給人體的系統。

立體卡巴拉與百會穴

進行迴圈時，將立體卡巴拉放在頭頂百會穴的位置附近，立體卡巴拉看起來就會像是一台從地面連接到月球的電梯一樣，從地面逐漸往天空爬升。

反之，有時候立體卡巴拉看起來也會像是從地面往地球中心下降。那個樣子看起來就像是立體卡巴拉以人為起點，在天空與地球中心往返。

維持這個狀態繼續進行迴圈，光就會以極快的速度從天空降到人身上，有時候看起來也會像是在地球中心與天空之間往返。

這些情景我都是用心眼，也就是第三隻眼看見的。以我的經驗來說，看見這副情景之後過幾分鐘，眼前病人的症狀就會消失。

將立體卡巴拉放在百會穴上，並想像它（立體卡巴拉）進入病人的體內，這麼一來，想像中的立體卡巴拉就會自然而然移動到它該去的地方。

如果是左腳感到疼痛，想像中的立體卡巴拉就會移動到左腳，並開始震動。接著，那個人左腳的疼痛就會消失或減緩。

使用立體卡巴拉進行迴圈

用左手或右手拿著立體卡巴拉進行迴圈，就會馬上感覺到現場出現了空和無。
接著立刻用立體卡巴拉碰著病人的頭頂。
就會發現它直直地往地球中心下降。
當立體卡巴拉抵達地球中心後，又會往天空上升。
等到立體卡巴拉拉進入病人的身體，
下降
上升

並到達一定的高度後，就會突然放大十倍。
看起來就像巨大的太空梭。
哇——
感覺怎麼樣？
總覺得自己完全不一樣了。
對了，那症狀怎麼樣？
非常謝謝你，症狀似乎消失了。

人體周遭有著與卡巴拉構造相同的骨骼。
這似乎成了光的通道。
待在它裡面，人體就會被治癒。
只用了幾十秒，這個人好幾週都抬不起來的右手，就能夠抬起來了。
一邊進行迴圈的同時，把立體卡巴拉放上頭部上方，會發生很厲害的事！
我能看到那樣的畫面。
咦！自己的身體也變輕盈，呼吸也變順暢。
光
!
因為迴圈和立體卡巴拉而顯現的光不只能夠治癒病人，還會操控迴圈和卡巴拉來治癒自己。
在治癒別人的同時，自己也被治癒了，真厲害！

第 5 章

感受

迴圈的舒適與感受

無論在什麼時間、地點、進行幾次，迴圈都會讓我們產生舒服的感覺。

畢竟是與自己的潛意識和高我連結，會感到舒服是理所當然的。他們隨時都與我同在，關注著我的人生，比任何人都了解我。搞不好他們對我的了解比我自己還深。

無論何時，他們都會信任我、愛我。即便我失敗了、犯了錯，他們依然會給予我至高無上的愛。光是感受到他們的這分愛，就會感到至高無上的幸福。

遇到不順心的事、感到無可救藥的煩躁或沮喪時，只要進行迴圈，就會被一股難以言喻的舒適感籠罩。將意識集中在這分感受上，心中就會充滿祥和與平安，馬上就能找回平靜。

感受他們

當我伸出右手，手心朝上，潛意識就會將左上放在我的右手上。我會感受潛意識的手。

和潛意識的手交疊時，手心會感覺到溫度和重量、鬆鬆軟軟的感覺以及細微的震動。

接著，我手心朝上，伸出自己的左手，高我就會將他的右手放在我的左手上。我會細細品味高我的手觸碰著我的感覺。

存在同一個身體裡的他們，想要和我牽手，也想要和我合而為一。

只是三個人手牽著手，就會產生既開心又害臊、既難為情又神清氣爽的喜悅，因為他們的喜悅傳遞給我了。

是因為三個人手牽著手，他們散發出的氣場就會滲透到我體內的關係嗎？有時候我會覺得像是有棉花在輕撫我的皮膚表面。自己周遭的空間變得如水晶般通透，清冽的空氣進入胸腔，呼吸變得順暢。

感受

感受是很重要的。
感受是什麼？
感受就是不用特別思考什麼，只是模模糊糊體會到的、直覺性的情緒或感覺。
我和你相擁在一起時，
會有沁人心脾感覺以及微風在周遭吹拂的感覺，這也是感受喔。
一邊進行迴圈，一邊體會感受。
寧靜
平安
安心
祥和
真好玩。
哇~有一種回老家時的懷念感。
真舒服。
耶穌基督所說的三位一體，指的或許就是這個。
也就是聖父、聖子與聖靈。
聖子
聖父
聖靈

察覺感受的練習

我在第一次進行迴圈的時候，不用說感受了，根本什麼都感覺不到。我有點不安地想著：「真的只要這樣就可以了嗎？」不過，隨著持續進行迴圈，就逐漸開始有感覺了。

為了讓進行迴圈的人能夠馬上感受，就來上一堂察覺感受的課吧。

首先，讓雙手的手肘呈直角，並舉起雙手。雙手打開到比肩膀稍微寬一點的距離。接著豎起食指。

輕輕閉上雙眼，將意識集中於雙手指尖。不要讓意識偏向其中一邊的指尖，維持同時察覺兩邊的狀態數秒到數分鐘。

同時去感覺兩邊的手指，此時手指會出現麻痺感或震動，手或身體也可能會自己動起來。有時候也會覺得身體變熱，或是疼痛等症狀消失無蹤。

接下來，讓意識離開頭部，移動到心臟所在的心靈部分。只要想著「自己的心臟在哪裡？」意識就會移動到心靈。請暫時維持在這個狀態。當意識移動到心靈，就會出現與剛才不同的感受。

再來，請將意識移動到肚臍。這時候也只要想著「自己的肚臍在哪裡？」意識就會移動到肚臍。

在各種情況下，只要察覺到心靈或身體的變化，該處就會產生安穩、和諧的舒適感受。

感受是從進行迴圈時三位一體的察覺中產生的。

請保持著對食指指尖感覺的察覺，並在這分感受中好好放鬆吧。

第6章

全新的知覺

全新的知覺

人體擁有眼、耳、鼻、舌、皮膚等感官，透過這些器官接收五感——視覺、聽覺、嗅覺、味覺與觸覺，並憑藉這些感官的訊息進行思考與判斷，然後採取行動。

因此，我們難以察覺無法以五感感知的世界。儘管能夠透過五感感知的世界存在，是因為有個無法透過五感感受的世界作為基礎，我們仍然容易誤以為能夠靠五感感知的世界就是全部。

進行迴圈之後，人就會擁有超越五感的察覺。這就是透過迴圈，與自己的潛意識和高我融合成一個意識而產生的全新知覺。

這個全新的知覺，也就是俗稱第六感的知覺，會讓我們對世界的看法煥然一新。藉由這個全新的知覺，我們會發現有超越五感的世界存在。

就我而言，我變得能夠透過迴圈，相當清楚地知道病人哪裡不對勁。

舉例來說，有一次我一邊進行迴圈一邊看診，看到病人左臉的色彩比其他地方還要濃，我把手伸到那個地方後，便感覺到一陣酥麻。看來是空間的磁場或電場（電磁場）發生了異常。

我問病人：「臉的左側有感覺到異常嗎？」病人回答：「左邊的臉感覺麻麻的，會痛。」接著，我用自製的電磁場修復器修復病人臉部左側的空間後，病人就說：「還是有一點麻麻的，但不會痛了。」我再次於迴圈的狀態下觀察病人臉部左側，發現色彩濃烈的部分已經消失了。

進行迴圈的時候，空間與自己之間的明確隔閡可能會消失。陷入一種彷彿世界與自己融為一體的神奇感覺中。

若只用五感來觀察，會覺得人只存在於皮膚內側。但是進行迴圈，產生超越五感的全新知覺後，就會知道人是超出皮膚的存在。

知覺變得敏銳

進行迴圈時，可能會感覺到一陣比較明顯的風（大約是電風扇開弱風的程度）。由於每次進行迴圈都會感覺到一陣風吹，以前我一直覺得很神奇，後來才知道這是有原因的。

實際上並沒有這種強度的風在吹，而是知覺變得更敏銳了，於是平常感覺不到的微弱氣流，就成了明顯的風。

所謂的知覺，就是察覺的作用、察覺的力量本身。因為進行迴圈而讓知覺產生變化這件事相當驚人。

再繼續進行迴圈，就不只能察覺風，還能察覺自己周遭空氣的變化。只要進行迴圈，空氣就會變得如水晶般澄澈，整個輕盈起來。

進行迴圈，讓知覺改變後，就會開始注意到過去察覺不到的事物。當知覺產生變化，就會展現出全新的能力或才能，獲得靈感，發現或發明東西。

如果你是音樂家，在知覺改變後，創作出來的音樂會改變，樂器的演奏方式會改變，歌聲也會改變。當然都是往好的方向。

如果是運動員，紀錄會提升，變得不會受傷；如果是小說家，寫作的內容可能會煥然一新；如果是商務人士，工作表現會突然提升；如果是學生，成績會提升；如果是家庭主婦，會變得能夠手腳俐落地完成家事。

知覺的變化會在各種領域讓人發揮能力。

知覺變敏銳

只要進行迴圈，就會吹來一陣大約是電風扇弱風的微風。
是誰打開了電風扇？
環顧四周，沒看見電風扇，冷氣也關著
為什麼每次進行迴圈時都會有風在吹呢？
並不是有風在吹，只是你的感覺變敏銳了，所以微弱的氣流感覺起來就像風一樣。
高我
潛意識
進行迴圈，知覺就會變敏銳
能夠注意到以前察覺不到的事物。
知覺變敏銳就是這麼一回事。
知覺變敏銳有什麼好處嗎？
有啊。

察覺就是知覺，也可以說是知覺變敏銳。
當知覺產生變化，你所看見的人事物和世界都會改變。
的確如此。
進行迴圈之後，知覺會改變，變得能夠注意到過去察覺不到的人事物和智慧。
這杯水不一樣！
世界會開始對知覺已經變化的人展現出它原本、原始的樣貌。
迴圈就是找回人類原本擁有的知覺的方法！
進行迴圈時，會感到內心平靜，肩膀僵硬、身體上的疼痛以及煩惱似乎都被吹散了。

透過迴圈改變知覺！！

當超越五感的知覺發揮作用，就能夠看到過去看不到的世界，聽見過去聽不到的聲音。
莫札特也擁有超越五感的聽覺。
莫札特可以聽到普通人聽不到的聲音。
並將它們一一寫成曲子。
摩西、基督、穆罕默德都能聽到神的聲音。
嘟嘟
囔囔
而十誡、《聖經》和《可蘭經》就是因此而誕生的。
知覺變敏銳，產生全新的知覺後，也會有好事發生呢。
你的狀況又是如何？

我可以看到病人身體不舒服的地方有一塊模糊黑影，也能得知骨頭的彎曲和錯位。
還可以看到你和高我，以及來自天界的光。
進行迴圈之後，知覺會變敏銳，或是轉變成全新的知覺，人生會變得愈來愈有意思喔。
遇見未知
打開
全新的感覺
就算只和我一起進行四到五次迴圈，知覺也能變敏銳！
之所以會這麼說，是因為人類的知覺中加入了潛意識和高我的知覺。

第7章

現在這個瞬間的真實

現在這個瞬間的真實

在靈性領域經常會聽到一句話：「時間是人類發明出來的東西，只有當下是真實存在的。」

雖然我不知道真假，但只知道，現在這個瞬間肯定是實際存在的。

只要進行迴圈，就會與現在這個瞬間融為一體。

就算腦中被過去和未來的事填滿，進行迴圈後，就會回到現在這個瞬間。擺脫思考的桎梏，察覺力變得敏銳。感覺到過去察覺不到的空間的靜謐、感受、空無一物（虛無），以及無法用言語表現的時空變化。

也會察覺平時不曾注意過的思考、想法、感情，以及平常在無意識下做的事情。例如，會開始察覺到自己平常完全不會去在意的呼吸。

只要接觸到現在這個瞬間，就會察覺「真正的自己」。

所謂「真正的自己」，就是在現在這個瞬間察覺到自己正在呼吸的意識（心）。

「真正的自己」沒辦法和現在這個瞬間分割。「真正的自己」只能在現在這個瞬間找到。當心被過去和未來的事情填滿，就無法察覺「真正的自己」。只有意識（心）放在現在這個瞬間的時候，才能察覺「真正的自己」。

迴圈是把意識（心）從過去和未來拉回現在的方法。

可是，我們為什麼必須把意識（心）拉回現在這個瞬間呢？我有很長一段時間都抱有這個疑問。

不過，我最近終於理解了。因為過去已經過去，所以不存在；而未來尚未到來，所以也不存在。

創造的力量只蘊藏於存在的事物中。而不存在的過去與未來，並不具有開創人生的力量。只有實際存在的現在這個瞬間，具有開創人生、讓人生好轉的力量。

剛誕生於世的全新瞬間

日本人在回到家的時候，會打招呼說「我回來了（ただ今）*」。回到故鄉時也同樣會這樣說。

說「我回來了」的時候，會令人感到有一段喜悅。日本人知道現在這個瞬間是多麼重要且優秀的東西，所以才會說「我回來了」。

請大家在進行迴圈的時候，說說看「我回來了」吧。也許會感受到彷彿回到靈魂故鄉般的喜悅。

*註：「ただ今」普遍翻譯為「我回來了」，若直譯，則為「現在」之意。

進行迴圈的同時，將意識放在現在這個瞬間。現在這個瞬間，指的就是剛誕生於世的全新瞬間。

它並不是已經被寫上過去發生的各種事件的老舊瞬間，而是如同一張沒有寫上任何內容的白紙、如同無人踩踏過的新雪，尚未發生任何事的瞬間。

最重要的是，發生在現在這個瞬間的事件，可以是與過去、未來完全無關的，沒有必要發生如同昨日之續集的事件。

意思就是，可以發生彷彿是從某處飛來、降臨而來的全新事件。即便發生什麼都沒做就讓五分鐘前還存在的疼痛或疾病消失這種事也可以。

去愛現在這個瞬間

「將意識放在現在這個瞬間」的意思就是，把現在這個瞬間當作嬰兒一樣，放寬心迎接它的到來，完全打開心門去愛它。意思就是，讓現在這個瞬間保持原狀，不去干擾。

就像我們不會強迫剛出生的嬰兒做什麼一樣，我們也不該去要求現在這個瞬間做什麼。正如不應將嬰兒視為達成某種目的的手段，也不應將當下這一刻當作實現某種目的的工具。

就像我們不會把自己的過去與未來強加於一個剛出生的嬰兒一樣，也不要把自己過去經歷過的事和對於未來的期待，帶到現在這個瞬間。

現在這個瞬間與過去、未來沒有任何關係。現在這個瞬間、過去、未來，每一個瞬間都是獨立存在的。

進行迴圈的時候，把意識放在現在這個瞬間，就會感覺到現在這個瞬間產生了生命，有了脈搏。

會讓人覺得現在這個瞬間像是剛出生嬰兒一樣，似乎擁有自己的意識。

反覆經歷好幾次這種體驗後，就會逐漸理解，現在這個瞬間是超越只存在於肉體之中的渺小自己的存在，也就是「真正的自己」。與此同時，問題會變得沒有以前嚴重，或是自然而然消失。

若是在進行迴圈的時候，與現在這個瞬間同在、相連，與現在這個瞬間融為一體，就會湧現一股神清氣爽的感覺（像是感受到清涼的微風吹拂）。

如此一來，時空就會轉換，「現在這個瞬間」的察覺中的自我療癒，不僅是身體，整個人生都會發生超乎預期的變化。

何謂「現在這個瞬間」

我們很容易把「現在這個瞬間」，誤以為是在「現在這個瞬間」發生的事件內容。這是一個很大的錯誤。

「現在這個瞬間」並不是當下發生的事件內容，而是能讓事件發生，名為「時空」的空間。

若用料理來比喻，「現在這個瞬間」就像是餐廳裡的鍋子。雖然用來烹煮料理的鍋子沒有變，但放進裡面的食材和調味料會依料理而改變。

「現在這個瞬間」是不變的，但事件內容會不斷改變。正如同做菜不能沒有鍋子，如果沒有「現在這個瞬間」，事件也不會發生。就像是我們不能用將來要買的鍋子，或是已經丟掉的鍋子來做菜一樣，過去和未來都不具有創造的力量。

擁有創造事件之力量的，只有此刻在我們眼前的這個鍋子，也就是「現在這個瞬間」。

「現在這個瞬間」現在就在這裡。不用付出任何努力，「現在這個瞬間」也會一直存在。我們是不可能離開「現在這個瞬間」的。實際上，只有「現在這個瞬間」是存在的，我們不曾離開，也不會離開「現在這個瞬間」。繼續進行迴圈，就會明白「現在這個瞬間」就是最終形態的自己。

「現在這個瞬間」是永遠的。「現在這個瞬間」是不會消亡的。只要懵懵懂懂地慢慢理解這件事，就能擺脫對死亡的恐懼，讓內心輕鬆許多。

「現在這個瞬間」不會消亡，「真正的自己」也不會消亡，它們會永遠存在。你會慢慢明白，作為「現在這個瞬間」的自己也不會消亡，而會永遠存在。

只有「現在這個瞬間」是真實存在的

只要進行迴圈，就會逐漸看見「現在這個瞬間」的真實模樣。

無論我們是在做某件事，還是思考某件事，任何時候都是「現在」。我們無法前往過去或未來，也無法用手直接碰觸到過去與未來。能夠直接體驗到的，只有「現在」。

我們隨時都與「現在這個瞬間」同在。過去和未來是因思考而產生的錯覺，是只存在於腦中的思考，只是一個概念。

各式各樣的事件和思考在現在這個瞬間來來去去的樣子，只是看起來像時間在流動而已。現在這個瞬間不會從過去流向未來，也不會來來去去。

你或許一下子還沒辦法相信，但時間這個東西實際上是不存在的，無論是物理上的時間，還是心理上的時間。

你可能想：「在胡說什麼啊？時鐘不是每分每秒都在往前走嗎！」為什麼時鐘的指針往前走，就代表時間在流動呢？時鐘只不過是一個裡面有指針在走動的物品，與時間沒有任何關係。只不過是因為從小的教育告訴我們，時鐘轉動代表時間在走，所以大家才這麼認為而已。

時間，以及因其而產生的過去與未來，都是因人類見解而生的發明。

只要進行迴圈，就會明白只有現在這個瞬間是真實存在的。你會逐漸理解，現在這個瞬間指的不是時間，而是察覺到這個瞬間本身的意識、無形的自己（真正的自己）。

得知時間實際上並不存在，或許會令人感到不安，但這其實是一個好消息。因為這麼一來，我們就不須要在意時間，徒勞地感到焦急。

每一個瞬間都是獨立的

無論何時，人都會根據自己過去的經驗去預測未來會發生在自己身上的現實，並且以為未來是過去與現在的延伸。

不過，要是一直抱有這樣的誤解，從現在這個瞬間邁向未來發生的事件之可能性，就會被名為過去的亡靈和名為未來的不安緊緊束縛住。因為我們的想法會創造出自己未來將要體驗的現實。

其實，儘管未來蘊含著將各種事情化為現實的無限可能，內心的思考還是會搬出過去的經驗，斷定未來只會發生同樣的事。

若是如此，人生就一點也不有趣了。彷彿人生再也不會帶給我們驚喜。

為了避免演變成這種情況，必須捨棄過去、現在、未來是在同一條線上的概念。

你可能會說：「就算你這麼說，我還是不知道該怎麼做啊。」但是答案早就已經出現了。那個答案就是，進行「迴圈」。

透過迴圈擺脫過去和未來，獲得自由

過去幾乎都是不好的記憶。
未來幾乎都是令人不安的想像。
要是當時○○就好了……
因為那樣的過去，我接下來必須去做自己討厭的○○，真令人鬱悶……
後悔過去
唉……
要是過去和現在混入現在這個瞬間，就會讓現在這個瞬間白白浪費掉。
過去
未來
現在
無論是哪個瞬間，過去和未來都會毫不留情地入侵心靈。
好討厭
現在
好痛苦
過去
未來

會變得只能活在從過去通往未來的時間軸上
過去
未來
線性的時間軸
咻
奇蹟
只要以過去與未來為基準過生活，發生的現實就會受到限制。
讓發生奇蹟式變化的可能性趨近於零。
因過去而產生的不好預感會應驗。
變成現實！
過去
未來
我不想要這樣——!!
得想想辦法~
陷入恐慌，不好了！
既然如此，進行迴圈不就好了嗎？

進行迴圈後……
呼吸馬上就會變深
緊繃的身體也
會放鬆下來。
將一切交給A和B
這兩人
B 高我
A 潛意識
未來
過去
過去和未來
都消失了
只有現在
這個瞬間
進行迴圈之後，過去
和未來就不會被帶進
現在這個瞬間了。
出現一個沒有被
過去和未來汙染，
純粹又純潔的現
在這個瞬間。

也不用走在從過去通往未來的既定時間軸上。
未來
過去
啪嚓
成功離開連接過去與未來的直線了！
過去
未來
只要進行迴圈，並且不要把過去和未來帶進任何瞬間，就可以離開線性的時間軸。
未來
有限的可能性。
只要努力就會成功，努力就會有回報。
過去
沒有極限的無限可能性。

當「必須得做」的想法淡化之後，生活就逐漸輕鬆起來了。
從心底湧出了力量。
到處都出現了全新的現實。
有著無限的可能性！
總覺得好自由！
沒有因為過去怎麼樣，未來（將來）就必須怎麼樣的想法。
進行迴圈，活在現在這個瞬間吧！！

瞬間是不連續的

話說回來，每個瞬間並沒有連續在一起，但看起來很像是連續在一起的，如同快速閃爍的螢光燈看起來像是一直亮著一樣。

儘管實際上並不是連續的，但是瞬間切換到下一個瞬間的速度很快，所以看起來會像是連續的。就是因為我們誤以為瞬間是連續的，才會創造出過去、未來與現在。

不過，持續進行迴圈後，就會察覺現在這個瞬間與下一個瞬間是不連續的。你會察覺現在這個瞬間與下一個瞬間之間，有一個可以插入什麼東西的空間。

以我而言，我曾經多次運用迴圈，在一瞬間消除病人持續了好幾週的疼痛。

如果瞬間與瞬間是連續的，就必須耗費一段時間才能改善症狀。而如果瞬間與瞬間是完全獨立的，就可以從有症狀的瞬間，略過症狀慢慢改善的瞬間，一口氣跳轉到沒有症狀的瞬間（轉換），表面上看起來就像是症狀瞬間消失。

打個比方，就像是拿掉電影膠捲中間部分的分鏡，把一開始有症狀的分鏡和最後症狀消除的分鏡剪接在一起。

用樓梯來比喻，就等同於直接從樓梯上面跳下來，而不是一級一級走下樓梯。如果用電扶梯比喻，就是當你站在下樓的電扶梯上，突然想要上樓的時候，就直接跳到旁邊上樓的電扶梯。

因為瞬間與瞬間是不連續的，所以只要在進行迴圈的時候，將意識放在現在這個瞬間，就可以瞬間消除病人的症狀。

不過，只要內心認為過去、現在與未來是相連的，在某個瞬間罹患了某種疾病時，就會認為接在後面的下一個瞬間也是有這個疾病的。這麼一來，人就會在無意識之中斷定下一個瞬間也是有疾病的，導致每一個瞬間都存在疾病。

只要知道現在這個瞬間與下一個瞬間是不連續的，就不會斷定下一個瞬間也存在上一個瞬間存在的疾病了。

要是內心能夠完全理解瞬間的不連續性，而不是只把它當成一種知識，人生就會發生奇蹟般的變化。透過迴圈，將意識放在現在這個瞬間，在某個瞬間存在的疾病，就有可能在下一個瞬間消失。換句話說，我們有可能從身患癌症的瞬間，轉換到沒有癌症的瞬間。

創造存在於現在這個瞬間

在這之前，我一直都在想著要做出治療疾病的新工具、找到治療疾病的方法。對當時的我來說，現在這個瞬間只不過是實現未來某個目的的手段而已。

我的心總是在四處奔忙，一心想往前（未來）邁進。這樣的內心狀態也會顯現在態度上，朋友都說我「毛毛躁躁」「心神不寧」，或許也有其他人和我一樣。

這類人會堅信自己想要和需要的東西都存在於未來。堅信疾病在未來才能痊癒。

他們不會察覺到，真正想要的東西其實就存在於此時此刻、自己活著的瞬間。不知道現在這個瞬間已經擁有澈底治癒疾病的能力，就算沒有做出治療疾病的工具也無妨。

不過，只要持續進行迴圈，就會察覺尚未到來的未來並不具備改變現實的能力。

未來是由思想、內心創造出來的現在尚未到來的概念。實際存在且自己能夠認知到的，只有現在這個瞬間而已。不重視現在這個明確的時間，總是想著未來，可說是一種不踏實的生活方式。

創造的魔法只會發生在意識集中於現在這個瞬間的時候。創造奇蹟的祕密就存在於現在這個瞬間。

無論何時，我們都存在於現在這個瞬間。不管是對過去感到後悔，還是對未來抱有期待，都是發生在現在這個瞬間的。但是，過去和未來並不存在於現在這個瞬間。

就算內心的焦點不知不覺偏向了未來，只要進行迴圈，就可以把意識拉回現在這個瞬間。進行迴圈後，就會發生與現在這個瞬間融為一體的轉換，變化與治癒都會自然而然且立即地發生。就在現在這個瞬間，而非未來。

透過迴圈祝福現在這個瞬間

現在這個瞬間的內容物雖然不會改變，但其中發生的事情隨時都在變化。迴圈就是讓我們與始終不變的現在這個瞬間連接在一起的方法。

大部分人都沒有活在現在這個瞬間。

總是想著下次要做什麼事、下次會發生什麼事，沒有察覺創造真正奇蹟的力量原點就在現在這個瞬間。

追求「下一個目標」絕對不是什麼壞事。

不過，要是認為「下一個目標」是好東西，自己會因為它而獲得幸福，就是個天大的錯誤。因為當你達到「下一個目標」，馬上就會需要新的「下一個目標」，永遠不會滿足。

幸福只能透過存在於現在這個瞬間的事件獲得。要對現在感到十分滿足，並帶著玩心進一步追求幸福。不是因為必須得這麼做，也不是因為依存。

有的只是對現在這個瞬間的感謝。在此基礎上，接受人生中理應發生的奇蹟，再迎接下一步的幸福。

第8章

察覺完整性

迴圈的關鍵

進行迴圈後，我的心就會被潛意識和高我帶領到意識的深處，一個名為無意識的領域。

無意識的領域是一個由空白、虛無和寂靜所掌管的領域。進行迴圈後，可以感覺到虛無特有的空無一物感、空白特有的無限空間之寬廣感和空蕩感，以及萬籟俱寂的寂靜感。因此，藉由迴圈，可以得知自己身處無意識的領域。

雖然無意識的領域由空白、虛無和寂靜所掌管，但並不是什麼都沒有。別說什麼都沒有了，這裡還充滿了創造在人生中體驗到一切事物的可能性。創造是神的工作，所以無的領域也算是神的領域。而神隨時都是完整的。

進行迴圈時，只要我心裡想著：「（進行迴圈的）現在這個瞬間是完全的。」就會瞬間抵達神的台座，也就是無意識的領域。想著「現在這個瞬間是完整的」之重要性就在於此。甚至可以說，這是決定迴圈會不會順利的關鍵。

有沒有在心中想著「進行迴圈的現在這個瞬間是完整的」，會讓迴圈創造出的奇蹟程度出現顯著的差異。

請大家在開始迴圈前、剛開始迴圈時、正在迴圈時，以及迴圈結束後，暫時與那個瞬間的完整性同在。光是持續想著完整性，現場就會化為純潔無垢、如水晶般澄澈的空間。

當你承認「現在這個瞬間」的完整性，自我就會停止運作（思考）。自我在面對完全的事物時，會進入凍結（動彈不得）的狀態，什麼都做不了。

察覺完整性，會讓自己從受到自我控制，變成控制自我。如此一來，迴圈就會變得更加順利。

下一個階段，請告訴潛意識和高我，你希望他們和你一起說：「現在這個瞬間是完整的。」這樣你就可以和他們一起感受完整性，並在其中放鬆休息。
如此一來，不完整的事物會變得完整，完整的事物則會轉換成更高次元的完整。

察覺現在這個瞬間的完整性練習

就算察覺到現在這個瞬間的完整性，但是當出現在眼前的是對自己不利且不樂見的狀況，應該會很難接受現在這個瞬間的完整性吧。
另一方面，如果出現在眼前的狀況是自己所樂見的，人就能夠輕易地敞開心胸，接受現在這個瞬間的完整性。

因此，為了磨練察覺現在這個瞬間的完整性的敏銳度，請在眼前的狀況很好時，在心裡對潛意識和高我說：「現在這個瞬間是完全的。」即便只是一些瑣碎的小事也可以。接著，和他們一起在現在這個瞬間的完整性中放鬆休息。

也可以在迴圈的時候，和他們一起體會現在這個瞬間的完整性。

習慣察覺完整性之後，就開始在比較不好的狀況下也對潛意識和高我說：「現在這個瞬間是完整的。」

若持續這麼做，總有一天，無論面對什麼樣的狀況，自己都能夠對潛意識和高我說：「現在這個瞬間是完整的。」

我們在「現在這個瞬間」必須做的唯一一件事，就是和潛意識與高我一起存在於現在。

無論現在處於多麼悲慘的狀況，我們存在於「現在這個瞬間」這件事，都是無庸置疑的事實。

如果完全不考慮我們處於什麼樣的狀況，單從存在與否的觀點來看，可以說我們完全存在於現在這個瞬間。

然後，在進行迴圈的同時，於心中默念：「我生活且存在於現在這個瞬間。這就是完整。」你的心會為了存在的確實感而顫慄。

我的意思並不是現在個瞬間發生在自己眼前的現實內容是完全的，而是現在這個瞬間是完整的。

換言之，我並不是在說該瞬間發生的現實內容是好是壞。

在大自然的完整性中

大多數人只要生活在社會和家庭中，就完全無法產生「真是完整」的想法，對吧？

然而，走到大自然之中，看看大自然的法則是如何運作的，就會察覺那裡沒有任何的不完整性。

大自然有著原始的完整性以及美。我們之所以會覺得大自然很美，就是因為大自然中充滿秩序與和諧。

走進森林，被樹木環繞的時候，我們會感覺到一種難以言喻的安寧。感覺自己與自然合而為一，沒有區別。在這種地方進行迴圈，會發生完全的轉換，解決掉所有問題。

我建議心懷不安、有問題，以及生病的人，都走進大自然中進行迴圈。

此外，如果你在公司、學校或家庭裡無法感受到完全性，請一邊回想面對大自然時的完整性，一邊進行迴圈看看。這樣肯定會順利的。

將意識放在森林（自然），察覺森林（自然）是靜止的。
靜止的彼端是寂靜。
也在自己的體內感受和森林（自然）中的靜止與寂靜一樣的東西。
自己與森林（自然）之間沒有界線，現在這個瞬間，自然與自己是融為一體的存在。
心情平靜下來，在心底放鬆，原始大概就是這種感覺吧。

樹木和名為樹木的自己合而為一，原始地存在著……
同時也和萬物融為一體。在萬物中，我們不會希望只有自己長成一棵偉大的樹木。
倒不如說，樹木是為了森林整體的和諧而存在。
樹木會生長在森林，是因為森林裡具有讓一切和諧共生的作用，也就是佛性。

感受完全性

內心的思想會化為現實，這我已經說過很多次了。如果感覺到內心某處的不完整性，就會出現不完整的現實。

但是，只要在進行迴圈的時候，內心感覺到某種完整性，就能透過迴圈讓完全的現實出現，取代不完整的現實。

如同天真無邪的嬰兒的「現在這個瞬間」的完整性、自己存在於「現在這個瞬間」的確實性、原始大自然的完整性，無論是哪一種完整性都可以，只要一邊感受完整性，一邊進行迴圈，就會出現正面的轉換。

進行迴圈的時候，將完整性帶到自己所處的空間是非常重要的。

原始狀態

不要在進行迴圈的時候，判斷自己是對是錯。
放下判斷！
因為判斷是自我中心的自我在做的事。
只要進行迴圈，就會知道我們正在現在這個瞬間。
體驗著現在該遇到的事情的原貌。
你的意思是「原始狀態」？
對，沒錯。

從人心的角度來看，就連乍看之下不完整的事物，它的「原始狀態」也有可能是「這樣就是完整了」。
當你領悟到當下所處的狀況是完整的，創造這個狀態的場域與自己的意識就會合而為一。
接著，當你不再試圖改變自己所處的狀態，現在這個瞬間就會轉換成更加完整的狀態。
完全
原始狀態
這也太厲害了吧！

完全的信賴

平時持續進行迴圈，問題就會在不知不覺間自然解決。於是人生的苦難就會減少，讓我們能夠輕鬆活下去。

即便如此，走在人生路上，偶爾還是會遇到大問題。遇到這種情況，就用有助於解決問題的方式進行迴圈。

這個方法就是，把問題想像成一個固體，並把它放到迴圈裡面。這麼做就可以解決大問題。

不過，如果你想利用這個方法解決問題，有一件事情必須注意。那就是不要在形成問題的事情或資訊中過度加入「想要〇〇」這種自己的希望，或是「一定會〇〇」這種期待。

因為若是抱有太多希望與期待，自我的意識就會讓迴圈功虧一簣。重點在於，盡量只把純粹的客觀事實放在迴圈的圓圈中。

舉個例子，假設自己罹患糖尿病，只要把「自己罹患糖尿病」這個資訊放入迴圈就好，不要加入希望糖尿病好轉，或是期待可以治好的想法。

而罹患癌症的人，只要把「自己罹患〇〇癌」這個資訊放到迴圈中就好，不要放進希望或期待腫瘤可以縮小或消失之類的想法。

不要帶有希望與期待，只把現在的問題事實放進迴圈是有理由的。不帶有希望或期待，將一切完全、澈底地交給迴圈，代表你完全信任迴圈。而完全的信任會創造出完全的現實。

還有，進行迴圈這件事本身就是目的，也是一種不管進行迴圈後出現什麼結果「都可以接受」的心態。放掉愈多希望與期待，就愈容易出現完全的轉換，而且是往好的方向。

另一方面，要是把帶有希望與期待的資訊放到迴圈之中，一些無法完全交給迴圈、無法完全信任迴圈的想法就會摻雜其中。這麼一來，潛意識和高我就會感覺到這件事，導致迴圈本身變得不順利。

這一點不同會導致效果產生相當大的落差。

前者解決問題的機率很高。後者則因為有自我意識的參與，所以可能無法得到理想的效果。

完全的信賴，是進行迴圈時非常重要的一項要素。

無為之為的心態

若是自我中心的自我意識變強，迴圈的效果就會變差。自我意識愈少，可以藉由迴圈實現的事情就會愈多，成果也會增加。

進行迴圈的時候，我們該做的唯一一件事，就是盡可能減少自我意識，讓內心變得如水晶般純潔。

基本上，進行迴圈的時候要為自己以外的人祈求幸福，比如「希望全世界的人都獲得幸福」之類的。即便是自己一個人進行迴圈的時候，也要想著自己的迴圈能夠幫助世界往好的方向發展。

這樣的思想最後會成為愛與智慧的結晶，回到自己身上。在這種狀態下進行迴圈，就會理所當然地發生奇蹟。

在迴圈的過程中，做的事愈少，就會出現愈大的轉換。如果完全不做任何事情，就會出現非常巨大的轉換。

老子將「什麼都不做」稱作「無為」，又將「什麼都不做的行為」稱作「無為之為」。

我第一次聽到「無為之為」這個詞的時候，覺得「什麼都不做」明明就已經是什麼都不做了，沒道理再加上「行為」。當時的我還不懂無為之為的真正意義。

其實，無為之為後面的那個「為」，是在強調前面的無為。「什麼都不做」這個詞語不管怎麼解釋，都會帶有消極的含意，但是加上「之為」後，消極的含意就不見了，只留下積極的意義。換言之，無為之為的意思是「積極地不去做任何事／刻意、故意保持原狀」。

當我們看見呈現原始狀態的大自然，並不會產生要對它做什麼的想法。大自然總是保持著原狀，是完美且完整的。沒有任何應該改變的地方。

人的內心（意識）在看見完整的事物時，會認同該存在的完整性，選擇不做任何事、不去干涉，也就是無為之為。

所謂的無為之為，就是看見如大自然般完整的事物時的心態。

我們會認為目前的狀況、自己的立場、自己的一切是不可能改變的事物、完整無缺的事物，並放下它、承認它。

平時就用無為之為的心態過生活，自然而然就會完成該做的事。人生會依照原狀發展，無論是好是壞。

現在這個瞬間就是完整，是完整且完美的。沒有任何須要改變的地方，也沒有應該改變的地方。要打從心底接受這樣的完整性。

現在這個瞬間的完整性的意思是，無論狀況如何，都承認包含自己在內，所有在這個瞬間顯現、看見、感受到的事物是完整且完美的，沒有任何能夠改變的地方。

當你完全不會想去改變、增加、減少顯現在現在這個瞬間的事物，就做到無為之為了。

舉個例子，假設〈蒙娜麗莎〉的真跡就在你面前。〈蒙娜麗莎〉是完全完成的完美畫作。

就像李奧納多・達文西已經不能再在這幅畫上多畫任何一筆一樣，任何人都無法再加工這幅已經完成的畫。看見完全的事物時，什麼事都做不了。

這時候，我們就像是跪倒在〈蒙娜麗莎〉這幅畫作的完整性之下，真的什麼都做不了。就算是想要在〈蒙娜麗莎〉上面塗鴉也沒辦法。

承認眼前事物的完全性（承認〈蒙娜麗莎〉原本的狀態就是完整的），以及無為之為（承認〈蒙娜麗莎〉是完整的，並什麼都不做，讓它保持原狀），只是使用不同的詞語表達同一個意思。

老子所說的無為之為，就是坦然接受現在這個瞬間世界的完整性。簡言之，就是對現在這個瞬間發生的狀況、人事物、事件、看到或聽到的所有東西說「YES」。

在內心接受完整性的狀態下所做的行為，全都是無為之為。這麼一來，無為之為帶來的最大變化與至高無上的愛就會降臨於人生。無為之為就是意志（心態）的轉換。

迴圈的基本就是無為之為

我在為病人看診時，會把病人放到迴圈之中，採取無為之為。

進行迴圈的時候，不管現在這個瞬間這位病人的病情如何，我都會打從心底相信，現在眼前的狀況（我當下所認知到的一切，包括在我的診間訴苦的病人、我、還有護理師在一旁忙東忙西的樣子）就是完整且完美的，沒有任何須要改變的地方。大約幾分鐘後，病人的大部分症狀就會消失不見。

病人是因為有症狀才來診所，依常理來看，他們的狀態別說完整了，甚至可以說是不完整。然而，這不過是因為我們只看到現在這個瞬間所呈現狀況的冰山一角（病人生病只是整體中的一部分），認為它不完整而已。

不要被部分所束縛，只要去看現在這個瞬間發生的事情整體，原原本本地接受眼前的狀況，就會了解這是在完整的時間點發生的完整的事件。

從個人觀點來看，無論當時發生了多糟糕的事，只要從人生整體的觀點回顧那件事，就會明白那是完整且完美的。

進行迴圈的時候，身處現在這個瞬間的完整性之中，並承認其中顯現的我們所體驗的世界是完整的。光是這麼做，自己周遭的空氣就會變輕盈，也會感覺自己的身體變輕盈。

迴圈的基本是無為之為。只要減少做的事情，通往完整的道路就會增加。除此之外，採取什麼都不做（無為）的行動，就會與完整的事物合而為一。

採取無為的行動，意思就是採取什麼都不做的行動（無為之為）。而無為之為是指，不要去抵抗現在這個瞬間發生在自己身上的所有事。也就是不要試圖改變現在這個瞬間出現的人、事、物，打從心靈最深處明白，保持原狀的原始狀態就是完整的。

與無為相反，人試圖做些什麼的時候所發生的事，就只會限定在人的想法或願望範圍內。而且，想法和願望還不是百分之百會實現，有一半的機率就算不錯了。

我曾遇過一個例子是，有一名女性深受高血壓所苦，但是她什麼也沒想，也沒有許願，就這樣進行了迴圈。結果不只高血壓改善了，還在健康檢查時及早發現了胃癌。

如果她帶著想要改善高血壓的願望進行迴圈，可能只有高血壓會獲得改善，而沒能及早檢查出胃癌。進行迴圈時保持無為的意義就在於此。

只要承認這個瞬間發生的事的完整性，無為之為就會自然發生。當無為之為發生，存在於現在這個瞬間的一切，就會往更高等級的完整性變化。

看在人類的眼裡，那光景就像是不完整的事物變化成完整的事物一樣。無為之所以能解決問題、治癒疾病，原因就在於此。無為之為就是將一切交給自然所擁有的大和諧作用。

第 9 章

察覺「真正的自己」

跨越對死亡的恐懼

有很長一段時間，我都認為自己是一個容納在肉體中的生命。

我認為因為生病或意外而失去肉體就會死亡，自己會與肉體一同死去。認為自己這個存在不是永恆的，總有一天會消亡。隨著身體開始出問題，人一定會死的想法在我心中逐漸增強，我曾努力想辦法延長身體的壽命。

但是，開始進行迴圈之後，我逐漸明白不用努力也沒關係。於是，脖子痛和膝蓋痛的症狀都慢慢減輕了。我自己也感到很驚訝，改變思考方式竟然會讓身體出現這麼大的變化。

要是不知道真正的自己是超越肉體的死亡、永遠存在的意識，就沒辦法克服恐懼，獲得平靜、安穩和安心。

不過，持續進行迴圈後認知會慢慢改變，最後就會明白「自己是是超越肉體的存在。我是被植入肉體的意識本身」，開始察覺「自己或許是永生的意識」。

我認為這分察覺或許正是進行迴圈所能獲得的最大恩惠。

認為只有眼睛看得見的東西、可以用五感感覺到的東西是實際存在的，除此之外的其他東西都不存在，這種誤解只要稍微接觸過眼睛看不見的存在（潛意識和高我）就能減輕。

接著就會開始察覺，自己搞不好也和潛意識和高我一樣，是不受身體束縛、超越肉眼可見事物的存在。

繼續閉上眼睛進行迴圈，在迴圈中就不會再感覺到自己的身體。雖說感覺不到自己的身體，但並不代表自己不存在。自己確實存在於該處，只是身體與外部的界線不見了。這時候感覺到的，是確實存在的實感。

在迴圈中會納悶，那個與自己的潛意識和高我手牽手的自己到底是誰。

那是不再受到身體（肉體）束縛的全新自己。全新的自己就是「真正的自己」。成為「真正的自己」後，肉體會不會死亡這件事就變得無所謂了。比起那些事，在現在這個瞬間進行迴圈還比較開心、有趣。

純粹的察覺

人的本質是純粹的察覺。
純粹的察覺並不是「東西」。
由於純粹的察覺並不是「東西」，所以沒有形體，也沒有能量。
純粹的察覺沒有形體這一點，就是「虛無」；沒有能量這一點，就是「寂靜」。
安靜無聲
但是人類既有形體也有能量，是會活動的。
就算你說人的本質是純粹的察覺，看起來也和我們所認知的人類有著很大的差別和矛盾。
這樣啊。原來人無法察覺自己的本質是純粹的察覺，原因就出在這裡。

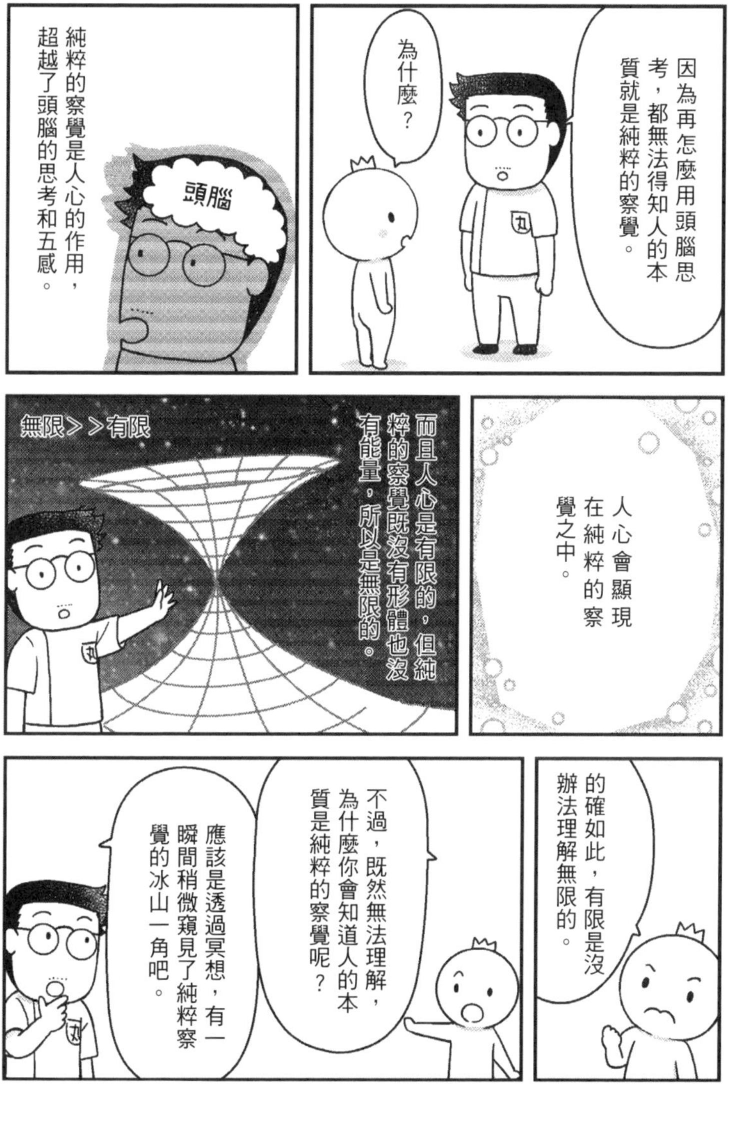
因為再怎麼用頭腦思考，都無法得知人的本質就是純粹的察覺。
為什麼？
純粹的察覺是人心的作用，超越了頭腦的思考和五感。
頭腦
人心會顯現在純粹的察覺之中。
而且人心是有限的，但純粹的察覺既沒有形體也沒有能量，所以是無限的。
無限＞＞有限
的確如此，有限是沒辦法理解無限的。
不過，既然無法理解，為什麼你會知道人的本質是純粹的察覺呢？
應該是透過冥想，有一瞬間稍微窺見了純粹察覺的冰山一角吧。

比起這個，更重要的是，就算我們無法察覺純粹的察覺，我們也早就已經是純粹的察覺了。
這樣不就沒事可做了嗎？
沒錯！
關於你剛剛說的那句話，有一個名叫黃檗希運的人是這樣說的。
人的內在具有佛性……當你突然間頓悟，就不再須要去達成任何事，甚至也沒必要行動。這就是至高無上的存在方式。
——黃檗希運
純粹的察覺
佛性
這裡所說的佛性和純粹的察覺是完全一樣的東西。
那頓悟的人不就會什麼都不做了嗎？這樣沒問題嗎？
完全不成問題。
為什麼？

頓悟之後，擁有自我的個人的確不再須要去達成任何事，也沒必要作為擁有自我的個人去行動。
↓真正的自己
另一方面，像是交替名為自我的個人而顯現的純粹察覺，也就是真正的自己，會去做該做的事。
個人做不到的事情，真正的自己可以理所當然地做到。
達成
那是什麼感覺啊？
感覺大概就像，不是平常自己的那個自己去做了該做的事情吧。
嗯~也可以說是事情自動往好的方向發展的感覺。

總之，沒有自己在做事的感覺。
要是每天進行幾十次迴圈，就很容易發生這種事情自動發展下去的狀況。
那可能就是所謂的自然一體。
這種時候通常會感覺自己與「此時此刻」這個使一切事物存在的空間、場域融為一體。
「此時此刻」
感覺自己與世界的邊界消失了。
好安詳～

成為「真正的自己」

成為「真正的自己」後，就可以在當下站穩腳步，感到慌張或焦急的情況變少，不會再用善惡來判斷事物，心中所想的事情也更容易實現。「真正的自己」會開創自己的人生。

進行迴圈後，心中所想的事情會更容易實現，能力會獲得提升，感受性也會更豐富。人生會變得多采多姿。

透過迴圈成為「真正的自己」之後，察覺會變得敏銳。簡單來說，察覺就是「意識的認知能力」。因為有察覺，我們才能夠體驗這個世界。如果沒有察覺，就算擁有眼睛、鼻子和耳朵，我們還是無法體驗這個世界。

察覺較少時，我們看見的世界就會變小、變狹隘；察覺較多時，我們所體驗的世界就會是壯闊且美妙的。

當成為「真正的自己」，察覺變得敏銳後，看世界的觀點就會瞬間改變。你會留意到過去沒有留意的智慧、愛、慈悲、發現、靈感，以及事物的本質。

當察覺變得敏銳，人、事、物、世界本身看起來都會更加美麗，感動也會增加。

如果用彷彿相機鏡頭般澄澈的目光觀察眼前的狀況，會覺得世界看起來和以前完全不一樣。這就是在完全不帶有思考和自我判斷的情況下看世界。換個說法，就是相機鏡頭前面沒有加上名為自我的濾鏡。

若是在進行迴圈的時候用如同相機鏡頭般的觀點觀看眼前的狀況，就會瞬間發生轉換，出現與過往完全不同且對你有利的全新現實。

人會漏看現在這個瞬間的「真正的自己」，是因為內心做出了區分自己和非自己的判斷。只有具備人類外表的部分是自己，自己現在這個瞬間所處的空間、發生的狀況、看起來像別人的事物都不是自己，而是自己以外的東西，我們對於這個概念深信不疑。

不過，只要持續進行迴圈，就會慢慢開始理解，自己現在所在的空間和狀況，以及出現在現場的他人都是自己。現在這個瞬間出現在眼前的一切原始狀況都是「真正的自己」。

天空就是巨大宇宙的意識

「真正的自己」是永恆不變的。

不會誕生，也不會死去。

不會增加，也不會減少。

不會變髒，也不會變乾淨。

「真正的自己」是讓一切事、物、生命的出現化為可能的瞬間及空間（場域）。也可以說，這是讓世界得以顯現的條件。

雖說如此，「真正的自己」並不是我們所想的那種物質層面的事物，而是創造物質的源泉，是沒有形體的純粹察覺。之所以會在察覺前面加上「純粹」一詞，是因為我們無須努力去察覺各種事物，它也會以我們為媒介，自動自發地讓我察覺。

名為純粹察覺的「真正的自己」會創造出顯現在我們眼前的世界，並察覺到顯現在我們眼前的世界。

《般若心經》將之稱為「空」。

「空」和純粹察覺是同樣的東西。

進行迴圈後，就會明白自己是超越自己身體、無邊無際的察覺。若是閉上眼睛進行迴圈，就會感覺自己與周遭似乎是沒有界線的。

會覺得察覺不是發生在自己身上，而是自己的周遭。有一個感覺到這一點的自己，還有一個比察覺到這一點更深層的察覺。

不能把空視為人類的意識。

因為正是空創造出人類的心和樣貌。空是這個世界的背景，無所不在，世界因其而分為有形之物和無形之物。空是宏大宇宙的意識，「真正的自己」和宇宙是一體的。

《般若心經》裡寫道，空是「不生不滅」。也許是因為只要進行迴圈，人的內心深處就會明白自己的本質是不會消亡的純粹察覺的意識、是不生不滅的「空」，所以大家都會在其中被完全療癒。

抄寫《般若心經》有時候也會讓症狀消失，讓癌症或難治之症痊癒，因為這個行為和迴圈一樣，都是純粹意識、空在發揮作用。

「真正的自己」就是空

問你喔。
什麼？
你有想過「真正的自己」是什麼嗎？
有啊。
「真正的自己」是什麼？
簡單來說，就是「空」。
《般若心經》裡面提到的「空」就是真正的自己。
我們有形的身體（物質）也是由「空」所形成的……
沒有實體
空
而我們無形的心靈（意識）也是由「空」所形成的。
因為我們就是「空」本身。

只是把眼睛、耳朵、鼻子、觸覺等五感能夠感知到的事物稱為身體（物質），
把感知不到的事物稱為心（意識）而已。
如果人類擁有超越五感的知覺，我們眼中所見的自己和世界應該會和現在不同。
意思就是說，如果人類擁有超越五感的知覺，有可能所有人都能夠看見我（潛意識）和高我囉？
YES
不只如此。有沒有形體這件事，只是用五感這個有限的知覺來判斷的。
當所有的知覺都打開，就會明白有形之物和無形之物同樣都是「空」。

作為愛本身活下去

「真正的自己」，就是愛。

愛是什麼？

愛就是賦予一切生命的作用。

愛就是允許我們存在、允許我們活著。愛就是對於現在這個瞬間我們確實存在這裡的察覺。

人類的意識相信，現在這個瞬間發生在自己身上的事是不完整且該去改變的。但是愛則明白，現在這個瞬間發生在自己身上的一切，都是完整、完美且無須改變的。

愛是完美無缺的。

嬰兒就是純粹的察覺本身。嬰兒是作為「真正的自己」以原始狀態活著。大家都喜愛嬰兒，因為嬰兒就是愛、是光本身。

對嬰兒來說，自己與自己以外的事物是沒有界線的，世界是一體的（我稱之為整體性），所以不會感到恐懼和不安。

雖然他們肚子餓或覺得痛的時候會哭泣，但是這並不是思考，而是反射性的行為。

在母親呼喚嬰兒的名字，而嬰兒發現那是在指自己之後，他才會脫離整體性，顯現出作為個體的自己（自我）。

接著，他會在家庭裡接受教育，自我獲得進一步的加強，並形成身分認同，最後成長為大人。不過，只要進行迴圈，那個瞬間人就會成為「真正的自己」，成為愛本身，人生開始出現巨大的轉變。

大海與波浪

現在，這裡有著大海與波浪。

如果假設波浪有心（意識），那會怎麼樣呢？

對小小的波浪而言，大海是一種威脅。因為大海遠比波浪巨大，會把波浪吞噬。

有一天，波浪想要知道從哪裡到哪裡算是自己。他為了尋找自己與不屬於自己的大海之間的界線，走遍了海中所有能去到的地方。

可是，不管走到哪裡，波浪都找不到自己與大海的界線。於是波浪領悟了。之前他都以為自己是渺小的波浪，但其實自己就是大海。

從此以後，波浪就不再用波浪的立場來看待大海，而是改以大海的立場來看待大海。

如此一來，過去以為自己是波浪的時候，每次看到大海就會浮現的恐懼和不安就神奇地消失了。自從波浪開始以大海的立場眺望大海之後，就充滿了安心、和平與平安。

人是波浪，對人來說，世界就像是大海。只要人還認為自己是波浪，就會對世界這個大海感到恐懼。

就像波浪在進行迴圈之後察覺自己是大海一樣，人也會發現，自己就是自己所體驗的世界本身，世界就是我們自己。如此一來，我們就能擺脫那些突然襲上心頭、沒有理由的不安、恐懼和擔憂。

在波浪還以為自己是波浪的時候，只能運用波浪所擁有的智慧和力量。光靠波浪的力量，不管再怎麼努力，頂多也只能改變波浪本身的形狀而已。

但是，當波浪知道自己同時也是大海之後，就能夠運用大海所擁有的智慧和力量了。就像波浪透過迴圈運用大海的智慧和力量一樣，人也可以跨越人類的極限和限制，去運用開創世界的智慧和力量。

這意味著，人可以親手開創自己的人生。

由你自己親手開創人生的時機已經來臨。

結語

在一連串的程序結束之後，迴圈帶來的效果還能持續很長一段時間，治癒身體上及感情上的問題。

只要進行迴圈，人就可以在迴圈中得到真正的放鬆，被安心、平安、安穩、平和的舒適感包圍。因為這種感覺在每次迴圈的時候都會出現，所以大多數人都會喜歡上迴圈。

反覆進行迴圈，就會在不知不覺間，成為擁有真實的愛與智慧的人。

當一個人產生變化，就會自然而然影響到其他人，讓你周遭的人的潛意識和高我覺醒。潛意識與高我覺醒後，有可能會自行開始迴圈。

當愈來愈多人在不知不覺間進行迴圈，世界本身就會重獲新生。

如果這本書能讓更多人認識迴圈、享受迴圈、遇見「真正的自己」，並享受人生中巨大轉換，我將會感到無比的喜悅。

最後，我要對教導我迴圈並讓我寫出這本書的潛意識和高我，以及讀到最後的你，獻上衷心的愛與感謝。

丸山修寬

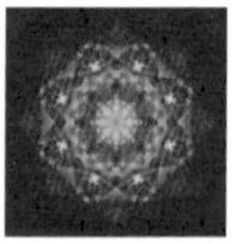

布萊茲

讓自己能夠拿出自信面對各種事情或對象（他人）的藥繪。可以在面對不擅長應付的人或上位者前拿出來看看。

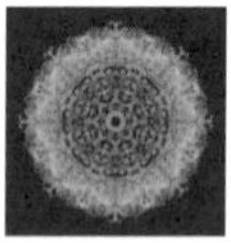

來自眾神的睿智

這幅藥繪能讓你獲得靈感，解決工作或研究上遇到的各種問題。有在喝酒或吃藥的人，可以試著把它黏貼或覆蓋在肚子一帶。

真我

這幅藥繪能幫助我們與真正的自己取得連結。我們可以藉此得知自己該如何生活比較好。

聖杯－II

可以改善身體的不適症狀，也能提升運氣，是力量前三強的藥繪。甚至還可以幫助我們建立良好的人際關係。

岡布克

一切疾病的根源都在於腦。進行透視後，會看見病人的腦部有一塊如黑洞般漆黑的部分。那個部分看起來就像在一邊製造混亂，一邊吸取那個人的生命能量。只要這個如黑洞般漆黑的部分消失，人就會恢復健康。這幅藥繪具有這項功效。請隔著衣服，把藥繪朝外貼在上背部或心窩處。

曼陀羅花

是力量前三強的藥繪。實際上有超過五萬人使用過，從身體不適、靈障，到提升運氣，它都可以幫助我們改善各式各樣的能量，也會協助我們培育純潔之愛，讓我們更深入地建立誠實的人際關係。當身體某處感到疼痛，把它覆蓋在該處，症狀就會緩和下來。

無重力

從重力之中解放。把代表無重力狀態的資訊做成藥繪。貼上這幅藥繪後不會真的變成無重力狀態，但讓人體去反映這個資訊，就可以對只有處於無重力狀態才能痊癒的症狀發揮作用。這是前所未有的最高等級藥繪。光是貼在背上，就有可能解決所有問題。

阿麗斯

對所有症狀都有效。特別是貼在關節處，可以大幅改善關節的可動域。這是堪稱醫神的藥繪代表作。

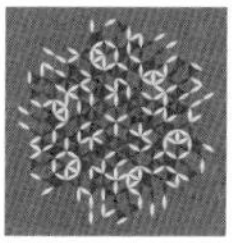

野牛

「野牛」是能夠有效對付兇猛病毒的藥繪，可以抑制病毒的活動，對還沒有藥醫的病毒、藥效難以發揮（已有抗藥性）的病毒也能發揮作用。此外，只要隨身攜帶它，就會變得不容易感冒。

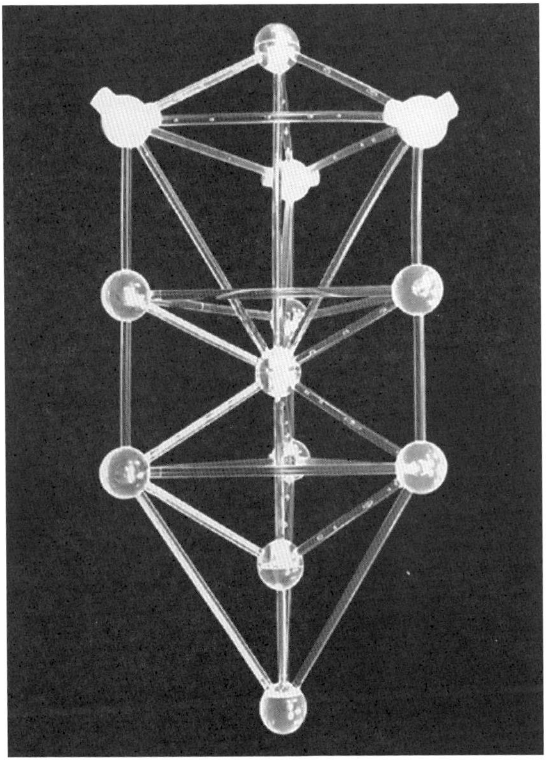

Note

Note

Note

奇蹟迴圈：療癒身心靈的光能量/ 丸山修寬
作；王綺譯. -- 初版. -- 新北市：世茂出版
有限公司, 2025.06
面；　公分. -- (新時代；A36)
譯自：病気を癒し、人生を好転させる奇
跡の魔法ループ
ISBN 978-626-7446-78-2(平裝)

1.CST: 超心理學　2.CST: 能量

175.9　　114003965

新時代A36

奇蹟迴圈：療癒身心靈的光能量

作　　者／丸山修寬
譯　　者／王綺
編　　輯／陳怡君
封面設計／林芷伊
出 版 者／世茂出版有限公司
地　　址／(231)新北市新店區民生路19號5樓
電　　話／(02)2218-3277
傳　　真／(02)2218-3239（訂書專線）
劃撥帳號／19911841
戶　　名／世茂出版有限公司
單次郵購總金額未滿500元（含），請加80元掛號費
世茂官網／www.coolbooks.com.tw
排版製版／辰皓國際出版製作有限公司
印　　刷／世和彩色印刷公司
初版一刷／2025年6月

ISBN／978-626-7446-78-2
EISBN／978-626-7446-76-8（PDF）　978-626-7446-75-1（EPUB）
定　　價／380元